Marina Gaenslen

Ich bin dann mal ganz bei mir

Auf einer Insel wär ich gerne
von Felsgestein und blickte
über den Wolkenrand in der Ferne.

Und säh, wie Zeile für Zeile
jede Woge im schimmernden Meer
den Schöpfer rühmte Meile um Meile.

Und sähe gelassen zum Strand,
wo sich Vögel im Winde wiegen
und die Muscheln leuchten im Sand.

Und lauschte dem rhythmischen Schlagen
der Wellen am Stein, dem endlosen Ton,
wie ewige Totenklagen.

Und sähe die Möwen hoch über mir
langsam gleiten – und im Wasser
den Wal – das wundervollste Tier.

St. Columcille (6. Jahrhundert)

Marina Gaenslen

Ich bin dann mal ganz bei mir

Eine Reise ins eigene Leben

fontis

Bibliografische Information der Deutschen Nationalbibliothek
Die Deutsche Nationalbibliothek verzeichnet diese Publikation in der Deutschen Nationalbibliografie; detaillierte bibliografische Daten sind im Internet über www.dnb.de abrufbar.

Die Bibelstellen wurden folgenden Übersetzungen entnommen:

Einheitsübersetzung

Lutherbibel

Umschlag: Atelier Lehmacher, Buchgestaltung, Friedberg (Bayern)
Foto Umschlag: Marina Gaenslen, Glückstadt
Satz: Atelier Lehmacher, Buchgestaltung, Friedberg (Bayern)
Technische Koordination: Books & Catalogues Ltd
Druck: Zakład Poligraficzny Moś i Łuczak sp.j.
Printed in Poznań, Poland
ISBN 978-3-03848-060-0

Eine Reise ins eigene Leben

Einleitung

Ein Weg in den Dünen, grün gesäumt von duftenden Kräutern. Ein Weg wie eine Einladung: «Komm! Lass dich führen. Ich zeige dir etwas!»

Und ich lasse mich darauf ein; fange an, Schritte zu tun; beschließe, für eine Zeit lang alles hinter mir zu lassen und mich selbst und meinen Alltag zu unterbrechen. Heute nehme ich mir Zeit für mich und bin dann mal ganz bei mir …

Mit diesem Buch möchte ich Sie einladen zu einer Reise in Ihr eigenes Leben.

So eine Reise kann von Zeit zu Zeit guttun, um sich selbst aus der Unruhe und den Zerstreuungen des äußeren Lebens zur eigenen Mitte zurückzuführen. Diese Mitte ist wie eine Waage, wie ein Lot oder wie ein Kompass. Sie navigiert uns auf unserer Lebensspur.

Der schwedische UN-Generalsekretär und Friedensnobelpreisträger Dag Hammarskjöld schrieb ein Gebet mit der Überschrift: «Die längste Reise ist die Reise nach innen». Darin steht: *Ich beginne die Reise nach innen. Ich reise in mich hinein zum innersten Kern meines Seins …*

Aber wie komme ich dahin, und was erwartet mich dort?

Als Reiseroute schlage ich Ihnen einen Spaziergang am Meer vor.

Es ist der Weg hinauf auf die Düne – mit der spannenden Erwartung auf das, was dahinter liegt. Und oben dann der Blick aufs Meer, verbunden mit einem Gefühl von Weite und Freiheit und Unendlichkeit.

Eingefangen vom vor uns liegenden Horizont und vom Rauschen des Meeres führt uns der Weg hinunter zum Strand.

Ist es nicht faszinierend, wie sich so ein Strandspaziergang schon nach kurzer Zeit auf die Seele auswirkt? Man atmet tiefer, man denkt weiter und fühlt sich freier. Gedanken kommen und gehen, und auch die lauten haben hier genügend Raum. Sie müssen nicht verdrängt werden.

Nach einer Weile machen wir die Erfahrung: Was gerade noch unbedingt wichtig erschien, verliert hier an Bedeutung. Wir können uns einlassen auf die Sattheit und Schönheit der Schöpfung und auf uns selbst, die wir mittendrin stehen. Etwas scheint sich zu ordnen. Wir werden wesentlich.

Mit den Bildern dieses Buches laufen Sie am Strand von St.-Peter-Ording entlang und entdecken hier die Dünen, dort eine Muschel, einen Warnhinweis oder die Kitesurfer, wie sie im Wind und auf den Wellen tanzen.

Durch die jeweiligen Bilder, auf Transparentpapier gedruckt, scheinen Fragen auf, die Sie zu einer *Begegnung mit Ihrem Leben* einladen. Sie wollen in Ruhe bedacht werden. Die jeweils folgende freie Seite bietet Ihnen Raum, diese Fragen für sich zu beantworten – durch ein Bild, eine Gegenfrage, eine Assoziation …

Jeder Frage in diesem Buch geht die Anrede «Mein liebes Leben …» voraus. Das ist wichtig! Ihr Leben hat es verdient, mit einem achtungsvollen und vor allem liebevollen Blick angeschaut zu werden.

Viel Freude und gute Erfahrungen auf dieser besonderen Reise wünscht Ihnen

Marina Gaenslen

Die Geburt ist nicht ein augenblickliches Ereignis,
sondern ein dauernder Vorgang.
Das Ziel des Lebens ist es,
ganz geboren zu werden, und seine Tragödie,
dass die meisten von uns sterben,
bevor sie ganz geboren sind.

Erich Fromm

Welcher Grund trägt dich?

Welcher Grund trägt dich?

Ich stehe fest auf dem Boden. Ich habe Grund unter meinen Füßen.

Hier, in der Marsch, werden zwanzig Meter lange Betonpfähle in die Erde gerammt, ehe die Bodenplatte gegossen wird. Auf den Halligen baut man Häuser auf Warften, damit sie gut gegründet und gegen Sturmfluten gewappnet sind.

Ich frage nach dem Grund für mein Lebenshaus. Worauf gründe ich mich?

Es gibt Situationen, mitten im Alltag und natürlich unvorbereitet, da geschieht etwas Unglaubliches. Da zieht es mir förmlich den Boden unter den Füßen weg. Da tut sich der Boden unter mir auf und jede Begründung versagt. In solchen Momenten ist mir nicht mehr klar, wie ich irgendwann einmal daran glauben konnte, dass es einen Grund geben könnte, auf dem ich stehe und aus dem heraus ich lebe, geschweige denn, dass ich getragen bin.

Aber was zieht es mir da eigentlich weg? Was entgleitet mir in diesen Augenblicken?

Ist es so etwas wie eine bisher vermutete Verlässlichkeit? Ein Ur-Vertrauen? Worauf? Auf eine prinzipielle Gerechtigkeit? Auf einen Sinn, der hinter dem Leben steckt? Auf eine Liebe?

Gerade fühle ich Boden unter mir. Ich habe Grund. Ich stehe und fühle die Verbindung zur Erde, die mich trägt.

Meine eigenen Gedanken

Die Seele nährt sich von dem, worüber sie sich freut.

Augustinus

Woher nimmst du deine Kraft?

Woher nimmst du deine Kraft?

In St. Peter-Ording stehen Stelzenhäuser dieser Art am Strand. Grund und Kraft scheinen hier unmittelbar miteinander verbunden zu sein.

Ich frage nach der Kraft, die mich trägt.

Auf welchen Pfeilern steht mein Lebenshaus? Sind mein Beruf, meine Beziehungen, meine Gesundheit, meine Spiritualität verlässliche Pfeiler? Ist einer marode und muss genauer angeschaut und im Zweifelsfall bearbeitet werden?

Was gibt mir außerdem Kraft und Halt? Was macht mir Freude und stärkt mich? Wie sind meine Kräfte ineinander verstrebt?

Mit zunehmendem Alter schwinden unsere körperlichen Kräfte, aber die Kraft, aus der heraus wir leben, kann wachsen. In einem Psalm finde ich das schöne Wort: «Ich schreite dahin mit wachsender Kraft» (Psalm 84,8).

Meine eigenen Gedanken

Ein Gesicht bekommt ein Mensch,
nicht indem er sich im Spiegel betrachtet,
sondern indem er auf etwas sieht, etwas wahrnimmt,
von etwas gebannt ist, was außerhalb seiner selbst ist.
So lernt ein Mensch, sich von außen zu verstehen:
von der Kraft seiner Mütter und Väter her,
von der Kraft seiner Brüder und Schwestern.

Fulbert Steffensky

Was hat dich geformt?

Was hat dich geformt?

Wenn ich aus der Vogelperspektive auf mein Leben schaue, entdecke ich Spuren ähnlich einer Landkarte. Da gibt es Krater in mir und Höhepunkte, Flussläufe und verödetes Land, Orte, an denen ich mich wohl fühle, und Orte, die ich lange nicht mehr betreten habe.

Ich schaue diese Landschaft an und staune: Ja, ich weiß schon, dieses und jenes Ereignis hat tiefe Einschnitte hinterlassen. Ich erinnere mich …

Aber es gab auch Höhepunkte. Momente, in denen ich mich hoch oben fühlte und den Überblick zu haben schien. Ich hatte mein Leben im Griff.

Und es gab Strecken, die bin ich ewig gelaufen. In diese Zeit fiel diese und jene Begegnung. Es gab Quellen und Wasserstellen, und es gab Dürrezeiten.

Das alles hat mich geformt und macht mich heute aus.

Das bin ich. Das sind die Falten in meinem Gesicht, das ist der Glanz in meinen Augen, das sind die Tränensäcke, die sich im Laufe der Zeit gebildet haben. Gut, dass ich einen Vorrat an Tränen habe!

Natürlich prägt mein Geformtsein heute die Art und Weise meines Denkens, meines Fühlens und Handelns.

Das könnte mich geduldiger mit mir machen.

Meine eigenen Gedanken

Bewahre mich vor dem naiven Glauben,
es müsste im Leben alles glattgehen.
Schenke mir die nüchterne Erkenntnis,
dass Schwierigkeiten, Niederlagen, Misserfolge
und Rückschläge eine selbstverständliche Zugabe sind,
durch die wir wachsen und reifen.

Antoine de Saint-Exupéry

Welche Brüche haben dich verändert?

Welche Brüche haben dich verändert?

Ich sehe diese Muschel im Sand. Sie rührt mich an. Zertreten liegt sie da.

Ihre Schönheit ist in den einzelnen Teilen durchaus erkennbar.

Mir kommen die Brüche in meinem Leben in den Sinn.

Genauso fühlt es sich an: Der Tod eines lieben Menschen bringt mich aus der Fassung, aus meiner Form. Ich erlebe mich nicht mehr als Ganzheit. Das Leben geht weiter, ich funktioniere mechanisch … aber ich bin eigentlich nicht mehr ich selbst.

Es dauert jeweils sehr lange, bis ich mich darauf besinnen kann, dass meine Welt sich verändert hat und ein Teil davon kaputt ist, dass es aber dennoch einen Grund unter mir gibt, der mir Halt gibt und mich trägt.

Meine eigenen Gedanken

Wie es auch sei, das Leben, es ist gut.

Johann Wolfgang von Goethe

Welche kleinen und großen Erfolge machen dich stolz?

Welche kleinen und großen Erfolge machen dich stolz?

Wenn ich diese Möwe sehe, wie sie auf einem Bein steht, muss ich lachen und zwinkere ihr zu: «Fliegen kannst du schon, hm? Jetzt übst du stehen.»

Sie stößt in mir die Frage an: Was kann ich eigentlich gut? Welche Erfolge hatte ich in letzter Zeit? Worauf kann ich stolz sein?

Mir fällt auf: Die Gedanken an positive Erfahrungen kommen mir schwerfälliger ins Bewusstsein. Ich lasse ihnen daher extra viel Zeit. Erinnerungen an die kleinen Siege in meinem Alltag bauen mich auf, stärken mich und erzählen mir etwas darüber, wozu ich fähig bin.

Meine eigenen Gedanken

Man erzählt sich: Noch nie hat Gott,
nachdem er wieder einen Menschen erdacht hatte, geweint.

Überlieferung

Das gute Gelingen ist zwar nichts Kleines,
fängt aber mit Kleinigkeiten an.

Sokrates

Wer ist neben dir, mit dir?

Wer ist neben dir, mit dir?

Grün und gut genährt bewegt sich der Strandhafer im Wind und mit dem Wind.

Ich schaue seiner Bewegung zu, und Worte des modernen Zeitgeistes wie Flexibilität, Mobilität und Anpassungsfähigkeit drängen sich mir auf. Ich tue mich schwer mit ihnen.

Wenn ich die einzelnen Halme betrachte, die hier beieinanderstehen, denke ich an Menschen, die in meinem Umfeld leben. Lose Beziehungen manchmal, und doch verbindet uns einiges.

Gemeinsam bestehen wir Großwetterlagen, wissen umeinander und wiegen uns gemeinsam in Sonne und Sturm.

Hin und wieder berühren wir uns, aber jeder steht für sich allein.

Ich bin dankbar für die Menschen um mich herum, die das Leben mit mir teilen. Oft tun wir uns gut.

Mehr, als mir lieb ist, drängt sich darüber hinaus der Gedanke an die eigene Vergänglichkeit auf.

In einem Psalm lese ich: «Des Menschen Tage sind wie Gras, es blüht wie die Blume des Feldes. Fährt der Wind darüber, ist sie dahin; der Ort, wo sie stand, weiß von ihr nichts mehr» (Psalm 103,15–16).

Im selben Buch lese ich auch: «Lehre uns bedenken, dass wir sterben müssen, auf dass wir klug werden» (Psalm 90,12).

Meine eigenen Gedanken

*Einen wirklichen Dialog kann man nur führen,
wenn die beteiligten Partner sich gegenseitig wirklich ernst nehmen,
wenn das Bewusstsein und das Gefühl gleichen Wertes
und gleicher Würde vorhanden ist.*

Johannes Rau

Wie viel Abstand ist gesund?

Wie viel Abstand ist gesund?

Zwei Federn hat der Wind hierhergetragen.

Ihr passt ja gut zusammen, denke ich. Was habt ihr denn miteinander zu schaffen? Wie zart ihr seid!

Mir kommen Fragen, die ich mir schon so oft gestellt habe: Wie viel Nähe tut einer Beziehung gut? Und wie viel Distanz ist nötig? Umgekehrt: Wie viel Nähe ist nötig? Wie viel Distanz tut gut? Wie geht Partnerschaft zwischen Mann und Frau? Wie geht Beziehung im Allgemeinen?

Ich schaue noch eine Weile auf dieses fedrige Pärchen und lasse mich anfragen.

Wo ist meine/unsere Beziehung stabil? Was verspricht Kontinuität und Verlässlichkeit? Wo ist sie dadurch zu starr oder zu eng? Wo ist meine Beziehung (zu) offen und (zu) weit? Und wo ist sie dadurch lose und haltlos?

Martin Buber, der jüdische Religionsphilosoph, prägte die Maxime: «Der Mensch wird am Du zum Ich.»

In Beziehungen lerne ich mich selber kennen. Mir werden meine Sehnsüchte bewusster, aber auch meine Brüche, meine wunden Punkte und Grenzen. Meine Prägungen holen mich ein.

Menschen brauchen Beziehungen, um sich selbst zu begegnen und um über sich hinauswachsen zu können.

Meine eigenen Gedanken

Eine Insel erfinden,
allfarben
wie das Licht.
In seinem Schatten
willkommen heißen
die Erde.
Sie bitten, uns aufzunehmen
in Gärten,
wo wir wachsen dürfen,
brüderlich,
Mensch an Mensch.

Rose Ausländer

Welches Grundgefühl durchströmt dich in letzter Zeit?

Welches Grundgefühl durchströmt dich in letzter Zeit?

Vor mir liegt dieser Priel, der bei Niedrigwasser zwei Meeresteile miteinander verbindet.

Ich schau mir seine Strömung an – glitzernd in der Sonne.

Wie dieser Priel das Wasser in sich führt, so durchströmt mich schon seit einer Weile ein Grundgefühl. Ist es eher positiv? Ist es eher negativ?

Ich gehe diesem Grundgefühl nach und versuche es genauer zu bestimmen:

Welcher Quelle entspringt es? Und wohin kann es mich führen?

Inwiefern werden mein jetziger Standpunkt und mein Blick auf die Welt von diesem Grundgefühl bestimmt?

Möchte ich daran etwas ändern?

Der Grund und Ursprung meines Daseins will mich lebendig, lustvoll und kraftvoll; und dieser Grund und Ursprung meines Daseins träumt mich als Liebhaber oder Liebhaberin meines eigenen Lebens. Manchmal geht es nicht ohne Veränderung.

Die Kraft zur Veränderung steckt in mir.

Meine eigenen Gedanken

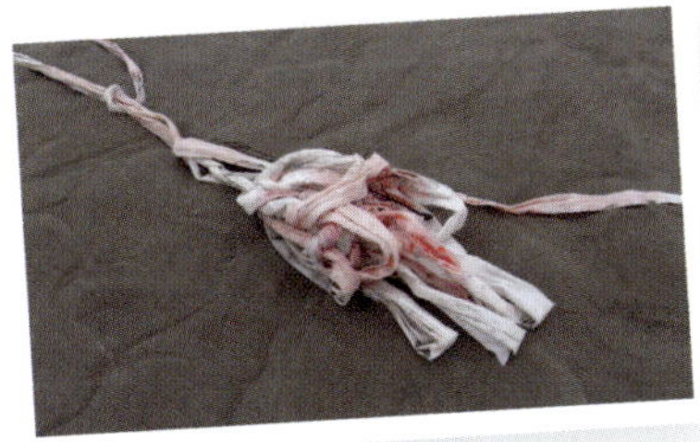

Solange wir das Leben haben,
sollen wir es mit den uns eigenen Farben
der Liebe und der Hoffnung malen.

Marc Chagall

Wie gehst du mit den Grautönen deines Lebens um?

Wie gehst du mit den Grautönen deines Lebens um?

Wie ein modernes Kunstwerk mutet dieser Himmel an: Ein rechteckiges graues Lichtfeld, umgeben von anderen Grautönen.

Lange schaue ich dem breiten Lichtstrahl zu. Es ist eigenartig, wie schnell sich das Wetter an der Küste ändern kann. Dieses Grau fasziniert mich. Ich finde es sogar schön! Hier verliert es seinen miefigen Beigeschmack: grau wie grauer Alltag und grau wie graue Maus. Grau kann – tagesformabhängig – verschiedene Gefühle in mir auslösen.

Graue Zeiten (von silbergrau über nebelig bis dunkelanthrazit) sind Teil des Lebens. Ich muss nicht meinen, dass nur ich solche Zeiten durchlebe. Meine Grauzeiten sind berechtigt, können Zeiten von Ordnung, aber auch von Wachstumsprozessen sein und müssen nicht zwangsläufig in die Depression führen. Keine Blume kann 365 Tage blühen, und kein Baum das ganze Jahr in Maigrün leuchten.

Grauphasen dauern gefühlt immer zu lang. Was für ein guter Impuls unseres Gefühlslebens. Es will nämlich Farbe und Fülle und Lebendigkeit!

Ich nehme mir die Grauzeiten, die ich brauche. Gebe ich mir auch die Erlaubnis und den nötigen Ruck, Grauzeiten hinter mir zu lassen?

Wetterlagen ändern sich.

Meine eigenen Gedanken

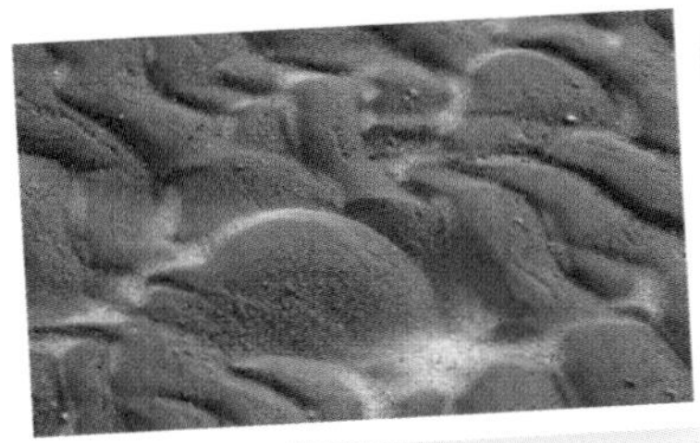

Ich, dein Baum

Du hast mich geträumt, Gott,
wie ich den aufrechten Gang übe
und niederknien lerne,
schöner, als ich jetzt bin,
glücklicher, als ich mich traue,
freier, als bei uns erlaubt.

Hör nicht auf, mich zu träumen, Gott,
ich will nicht aufhören, mich zu erinnern,
dass ich dein Baum bin, gepflanzt
an den Wasserbächen des Lebens.

nach Dorothee Sölle

Wo hast du Orte zum Aufatmen?

Wo hast du Orte zum Aufatmen?

Ohne es bewusst tun zu müssen, werde ich von meinem Atem durchströmt.

Trotzdem ist da manchmal das Gefühl, keine Luft zu bekommen.

Dann ist es gut, Orte zu haben, an denen ich wieder neu aufatmen kann.

Aufatmen kann auch bedeuten, mir meines geschenkten Lebensatems neu bewusst zu werden.

Mich bewegen die uralten Bilder der Bibel: Da formte Gott, der Herr, den Menschen aus Erde vom Ackerboden und blies in seine Nase den Lebensatem. So wurde der Mensch zu einem lebendigen Wesen (1. Mose 2,7).

Demnach bin ich ein von Gott berührter und belebter Mensch. Sein Atem wohnt in mir.

Ich verweile bei diesem Gedanken und lasse meinen Atem fließen.

Still und staunend beobachte ich, wie es mich lebt.

Meine eigenen Gedanken

Liebe Schwestern, vergesst nicht,
neben dem Lernen, dem Arbeiten und Kämpfen,
der Wut und der Geduld,
das Billardspielen zu lernen.

Oder greift zur Gitarre, Laute, Flöte,
lernt das Kochen neu,
nicht als Pflicht, sondern
als schmatzigen, schmausigen Spaß.

Denkt euch Witze aus,
lernt erneut den Himmel sehen,
das Jauchzen beim Tanzen,
das laute Rufen, das Miteinander;
übt euch im Lieben.

Nur so werden wir,
altersschwer und grau dann,
sagen können:
Ich bin lebenssatt.

Anna Thüne

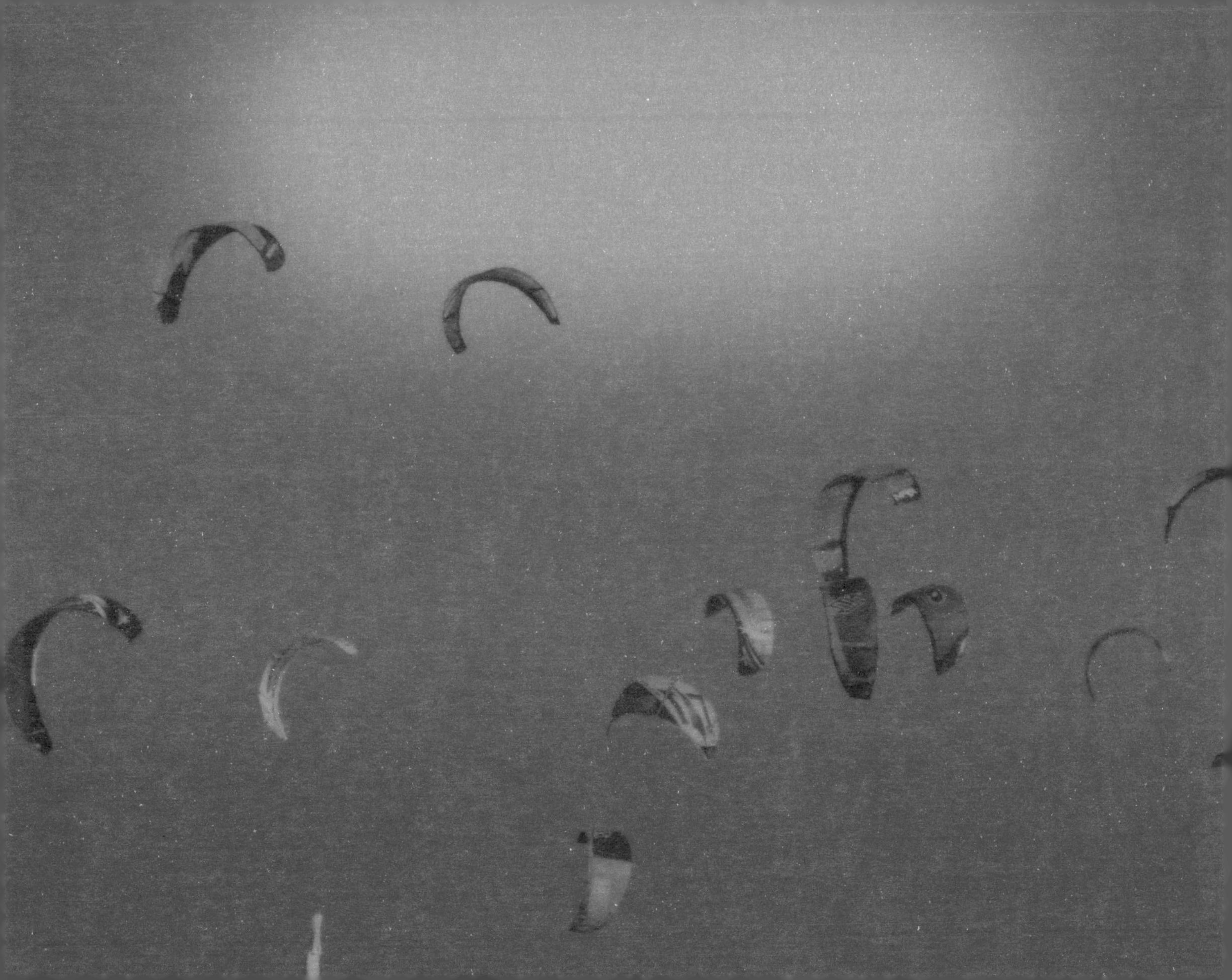

Wo brauchst du mehr Leichtigkeit?

Wo brauchst du mehr Leichtigkeit?

Ich beobachte die Kitesurfer im Wasser. Auf den ersten Blick gleiten sie einfach so dahin. Erst bei genauerem Hinsehen entdecke ich ihre Kraftquelle. Die müssen richtig Lust haben, mit dem Wind zu spielen, sonst wird das nichts! Es sieht beinahe aus wie ein Tanz. Was für ein herrlich buntes Schauspiel!

Leichtigkeit, Spiel und Tanz sind für mich Worte, die irgendwie zusammengehören.

Zum Leben gehört ein gewisses Maß an Ernsthaftigkeit, Gewissenhaftigkeit, Zielstrebigkeit und Gründlichkeit. Oft aber kommt es mir so vor, als ob uns diese «Tugenden» die Lust am Leben verderben. Sie lassen uns an der Erde kleben und behindern unsere Lust auf Zwanglosigkeit und Spiel.

Ich höre die Worte meiner Tanzlehrerin: «Eigentlich müssten wir unser Leben tanzen! Betrachtet das Leben wie ein Parkett. Es wird von links etwas auf euch zukommen, später von rechts, sucht euch euren Weg da hindurch, wenn es hier nicht langgeht, dann geht es eben anderswo. Bewegt euch zur Musik, lasst euch führen, lasst euch ein!»

Die Kitesurfer wecken Lust auf Leichtigkeit. Mir kommt eine Melodie in den Sinn, und ich lasse mich von ihr führen. Vorsichtig probiere ich einen nächsten Schritt.

Meine eigenen Gedanken

Heute beginnt der Rest deines Lebens.

Udo Jürgens

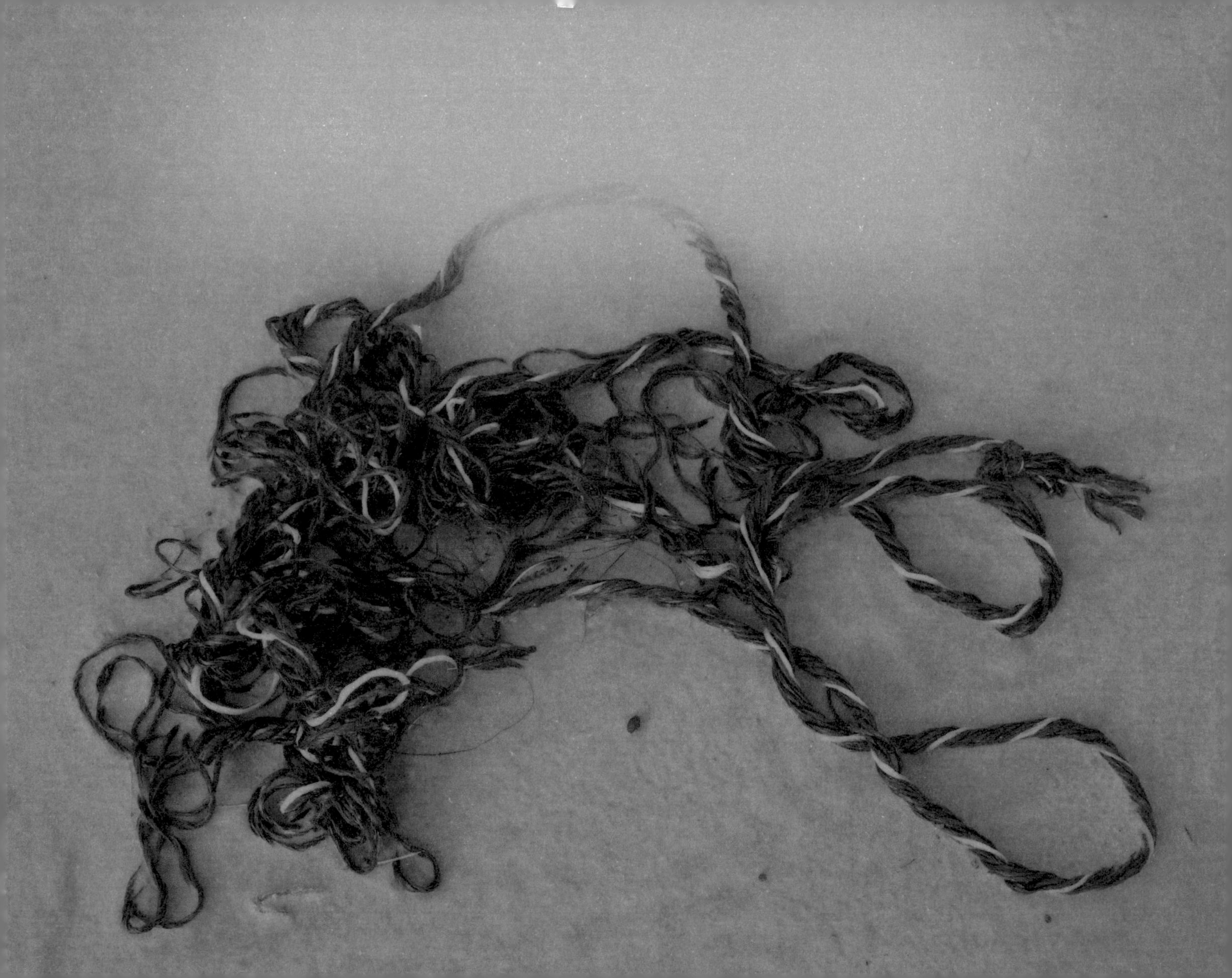

Was ist bei dir liegen geblieben?

Was ist bei dir liegen geblieben?

Es gibt einen Unterschied zwischen Verlorenem und Liegengebliebenem.

Verloren sind Dinge, die unauffindbar sind, einfach weg.

Liegengeblieben ist etwas, das zwar da ist, aber keine Beachtung findet.

Ich schau mir dieses Strandgut an und komme ins Nachdenken über Liegengebliebenes in meinem Leben.

Es gibt Dinge, die haben mir irgendwann einmal viel bedeutet und vielleicht Spaß gemacht. Schon seit langem liegen sie verwaist in der Ecke.

Dieses Strandgut im Sand lenkt meine Aufmerksamkeit auf das Unbeachtete in meinem Leben. In Gedanken fange ich an, mein Lebenshaus zu entrümpeln, und bestimme darüber, was von den unbeachteten Stücken entsorgt und was davon geborgen werden und neu Beachtung finden soll.

Ich möchte Ordnung halten in mir.

Nach einer Weile fühlt sich das an wie Frühjahrsputz!

Meine eigenen Gedanken

Was ich habe, will ich nicht verlieren,
aber wo ich bin, will ich nicht bleiben,
aber die ich liebe, will ich nicht verlassen,
aber die ich kenne, will ich nicht mehr sehen,
aber wo ich lebe, da will ich nicht sterben,
aber wo ich sterbe, da will ich nicht hin:
Bleiben will ich, wo ich nie gewesen bin.

Thomas Brasch

Wo tappst du im Dunkeln?

Wo tappst du im Dunkeln?

Es war eigentlich helllichter Tag am Meer. Urplötzlich zieht sich der Himmel zu, es wird finster, ein Sturm braut sich zusammen.

Gerade noch war alles in Ordnung, und jetzt muss ich mich auf eine völlig veränderte Situation einstellen.

Ich fühle mich überfallen und werde genötigt, damit umzugehen.

Wie so oft im Leben kommen Anforderungen auf mich zu, und es liegt an mir, sie zu bestehen: Der Beruf verlangt eine Veränderung, eine Diagnose kracht über mich herein, die Eltern werden bedürftiger, und ich bin in vielerlei Hinsicht gefordert.

Plötzliche Veränderungen führen oft zu Nebel im Kopf, und es ist an mir, mich durch diesen Nebel zu kämpfen und die Orientierung zu behalten.

Mir kommen die dumpfen Töne der Nebelhörner in den Sinn. Die Frachter auf der Elbe machen bei solch einer Witterung auf diese Weise auf sich aufmerksam, damit sie niemanden gefährden. Vielleicht ist das als Erstmaßnahme auch für mich klug? Ich äußere, wenn ich im Nebel herumstochere, dass ich gerade blockiert werde. Das kann mich schützen, weil ich anderen die Chance gebe, sich auf mich einzustellen.

Meine eigenen Gedanken

Bei allem, was du tust, hab acht auf dich selbst;
auch so hält man die Gebote.

Jesus Sirach 32,27

Was möchtest du in deinem Leben aufdecken?

Was möchtest du in deinem Leben aufdecken?

Der verdeckte Seetang wird unter der Last bewegungslos. Zu viel Sand … von allen Seiten.

Als Dauerzustand ist das nicht auszuhalten, denke ich – und erinnere mich an ähnliche Situationen in meinem Leben. Da gibt's nur eins: Ärmel hochkrempeln, Rücken gerade machen, aufstehen und so lange schütteln, bis ich handlungsfähig werde.

Dazu gehört eine Menge Mut.

Mut ist ein schönes Wort, das nicht ein wildes, belangloses Aufbäumen meint, sondern die Stärke des Herzens! Im mittelalterlichen Minnesang wird das Wörtchen Mut im Sinne von Hochherzigkeit und Tugend gebraucht.

Dieser Mut bewahrt mich nicht davor, dass andere mich einen Egoisten nennen, aber: Es ist nicht nur mein Herzenswunsch, es ist meine Pflicht, mir Raum zum Leben zu verschaffen.

Meine eigenen Gedanken

Sommerfrische

Zupf dir ein Wölkchen aus dem Wolkenweiß,
das durch den sonnigen Himmel schreitet.

Und schmücke den Hut, der dich begleitet,
mit einem grünen Reis.

Verstecke dich faul in der Fülle der Gräser.

Weil's wohltut, weil's frommt.

Und bist du ein Mundharmonikabläser
Und hast eine bei dir, dann spiel, was dir kommt.

Und lass deine Melodien lenken
Von dem freigegebenen Wolkenzupf.

Vergiss dich. Es soll dein Denken
Nicht weiter reichen als ein Grashüpferhupf.

Joachim Ringelnatz

Bist du schön?

Bist du schön?

Ich bin weiter unterwegs. Freue mich, dass der Himmel wieder aufgerissen ist und durch das Graublau der Wolken ein paar Sonnenstrahlen auf die Dünen fallen. Ich mag dieses sanfte Licht.

Ich mag überhaupt diese schlichte Landschaft am Meer. Sand, ein bisschen Dünengras und ein paar langgezogene Hügel. Mehr ist es ja eigentlich nicht.

Diese sanfte Landschaft zeigt mir, dass die Schönheit im Gewöhnlichen liegen kann.

Mein Leben ist ziemlich alltäglich. Aber jetzt, wo ich schon eine Weile in Kontakt mit meinem Leben bin, finde ich es durchaus vielseitig, spannend und bunt.

Ich will mal Ehrgeiz entwickeln und all die Schönheiten meines gewöhnlichen Lebens anschauen.

In der Stille entdecke ich seine Besonderheit, seinen großen Wert – seine Schönheit!

Meine eigenen Gedanken

Die Grenze ist der eigentliche Ort der Erfahrung.

Paul Tillich

Welche Begrenzung gibt dir Sicherheit?

Welche Begrenzung gibt dir Sicherheit?

Ich laufe ein Stück den Steg entlang, setze mich auf eine Bank und möchte in die Weite schauen.

Dieses Geländer begrenzt meinen Blick, es stört.

Bei genauerer Betrachtung fällt mir auf, dass diese Begrenzung sinnvoll ist. Sie schützt mich.

Das biblische Wort Paradies meint ursprünglich einen «umgrenzten Garten».

Ich denke, dass es gut für mich ist, eine Wohnung oder einen Garten zu haben, der nach außen hin abgegrenzt ist. Dadurch entsteht ein persönlicher Schutzraum, eine Privatsphäre. Ich kann mir diesen Raum und mein Leben darin nach meinem Geschmack gestalten.

Und wie ist das mit meinen persönlich gesteckten Grenzen, meinen Vorstellungen von Moral, von Richtig und Falsch? Es ist sicher gut, ab und an mal Grenzgänger im eigenen Revier zu sein und die eigenen Grenzen zu überprüfen. Stimmt das Verhältnis von Freiheit und Sicherheit noch?

Meine eigenen Gedanken

Können Sie mir sagen, wo ich hin will?

Karl Valentin

Was sagt dir dieser Markierungspfeiler?

Was sagt dir dieser Markierungspfeiler?

Ich liebe diese Freiheit am Meer. Aber wozu steht hier, mitten in all der Freiheit, ein Warnhinweis?

Auf der Reise ins eigene Leben frage ich mich:

Bin ich eigentlich richtig unterwegs? Bin ich, wer ich sein will? Immer schaue ich auf die anderen und denke: «Ach, könnte ich doch auch nur …», «Wäre ich doch nur …». Aber die Anfrage an uns ist doch: Was kann ich? Was macht mein Wesen aus? Wer könnte aus mir werden, würde ich von Grund auf zu mir stehen?

Vom 1677 verstorbenen Arzt und Theologen Johannes Scheffler ist der Ausspruch überliefert: «Mensch, werde, der Du bist.»

Einzigartig, wie ich bin, entdecke ich wunderbare Seiten an mir!

Meine eigenen Gedanken

Ich bin schön, ich bin stark, ich bin weise, ich bin gut.
Und ich habe das alles selbst entdeckt!

Stanislaw Jerzy Lec

Wo brauchst du frischen Wind?

Wo brauchst du frischen Wind?

Vieles kann ich nicht machen, vieles kann ich nicht erzwingen.

Ich muss mich beschenken lassen.

Manche Veränderung muss sich ergeben, auf mich zukommen, und ich kann sie nur an mir «geschehen lassen». Dafür braucht es einen äußeren Anstoß!

Das kann eine Begegnung, eine neue Freundschaft, ein lange erwartetes Erfolgserlebnis, ein neuer Auftrag oder etwas ganz anderes sein.

Dann erhält mein Leben plötzlich wieder mehr Aufwind.

Sind meine Segel gesetzt?

Es ist schon erstaunlich, wie manche Veränderung von außen ganz neue Seiten von mir zum Vorschein bringt!

Und wozu ich fähig werde, wenn *ich* all das zulasse.

Meine eigenen Gedanken

Warum reisen wir?
Auch dies, damit wir Menschen begegnen,
die nicht meinen, dass sie uns kennen ein für allemal;
damit wir noch einmal erfahren,
was uns in diesem Leben möglich sei.

Max Frisch

Wovon träumst du?

Wovon träumst du?

Visionen und Träume lösen uns aus der gegenwärtigen Situation heraus und zeigen uns auf, wonach wir uns sehnen und was erstrebenswert wäre. Visionen sind zukunftsgerichtet. Sie geben Orientierung und können der Angelhaken sein, den ich auswerfe und nach dem ich mich ausrichte.

Wo wären wir heute, hätte es nicht verrückte Träumer wie Nelson Mandela, Martin Luther King, Mahatma Gandhi oder die vielleicht eher unbekannte Theresia Gerhardinger* gegeben?

Ich will eine Träumende sein und bleiben – allen ernüchternden Erfahrungen zum Trotz.

*Theresia Gerhardinger: Die Ordensgründerin Maria Theresia von Jesus (geb. Karolina Gerhardinger) aus Regensburg träumte im 19. Jahrhundert von der Möglichkeit einer Schulbildung für alle Mädchen, auch für die ganz armen. Heute wird ihr Traum von einer Bildung für Herz und Verstand weltweit in vielen Ländern weitergeführt.

Meine eigenen Gedanken

bürger und bürgerinnen
schließt frieden mit euren träumen
setzt eure namenszüge darunter
seid gut zu ihnen
dann sind sie auch gut zu euch
und machen euch besser.

Kurt Marti

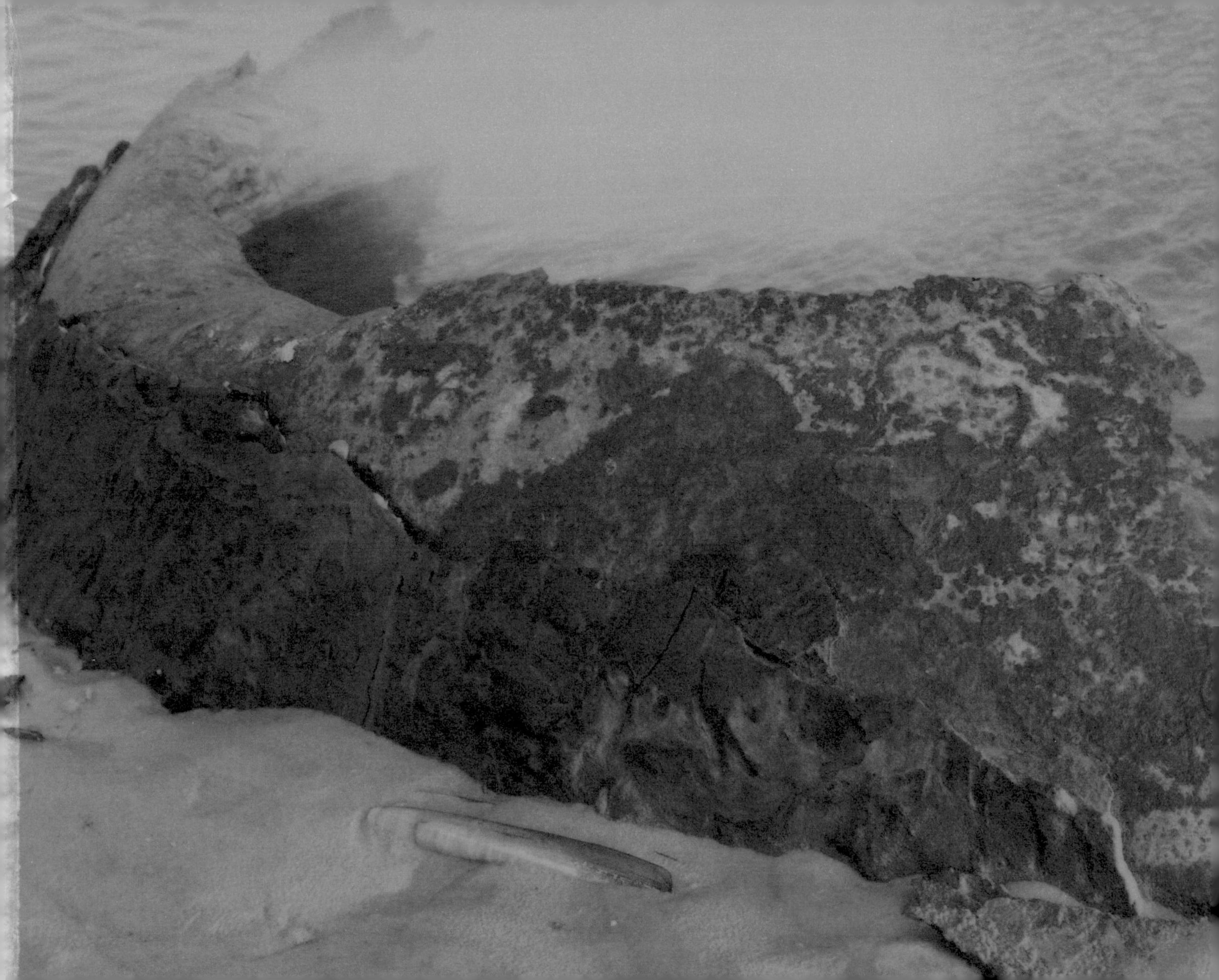

Welche Altlasten begegnen
dir immer wieder?

Welche Altlasten begegnen dir immer wieder?

Alte Lasten stören. Diese Altlast am Strand führt mir eine Umweltsünde vor Augen.

Altlast verbinde ich mit dem Thema Schuld.

Schuld hindert und behindert mich. Sie bremst mich in meinem Denken und Tun.

Wenn's irgendwie geht, muss ich diesen Ballast loswerden! Ich muss mich der unangenehmen Aufgabe stellen und versuchen, meine alte Last an der richtigen Stelle zu entsorgen.

Ich muss mich nicht ein Leben lang mit ihr abmühen. Und wenn das nicht geht, versuche *ich mir* zu verzeihen, wissend, dass die Schöpferkraft meines Lebens die Gründe für mein damaliges Handeln kennt und mir längst verziehen hat.

Meine eigenen Gedanken

Ich muss mir von mir selber nicht alles gefallen lassen.

Viktor E. Frankl

Welche Wege sind dir versperrt?
Und warum eigentlich?

Welche Wege sind dir versperrt? Und warum eigentlich?

Übervorsichtig erscheinen mir manche Absperrungen.

Gern würde ich da oben auf den Brettern stehen und die Nase in den Wind halten. Was würde denn passieren, wenn ich diese Schranke nicht beachte? Was wäre, wenn ich anfinge, manche Regeln zu übertreten?

Verbote und Gebote müssen immer wieder aufs Neue auf ihre Sinnhaftigkeit überprüft werden: Dienen sie uns – oder gängeln sie uns? Jesus von Nazareth hinterfragt laufend menschliche Regeln und Gesetze. Das gerade schätze ich so an ihm! Er ist kein Mitläufer und kein Blindgänger im System, sondern einer, der eine eigene Meinung hat.

Diese eigene Meinung wird zu seiner Haltung und letztlich zu seinem Weg. Weil er weiß, was ihm wichtig ist, weiß er auch, was für ihn Gültigkeit hat und was eben nicht. Weil er weiß, was für ihn gilt, weiß er auch, wohin sein Weg ihn führt.

Die Karriereleiter zum Hohenpriester konnte er auf diese Weise nicht erklimmen.

Von ihm will ich mir abgucken, mir selbst treu zu bleiben und für meine Gültigkeiten geradezustehen.

Meine eigenen Gedanken

Mit mir in Einklang kommen oder eins werden bedeutet doch, zu meinem eigentlichen Selbst zu finden – dem Ort in meiner Seele, an dem es gut ist zu sein. Es ist ein Ort unter all den Schichten von Erfahrungen, Erlebnissen und spontanen Gefühlen, der eine Ruhe kennt und eine Schönheit.
An diesen Ort ziehe ich mich immer wieder zurück. Ich bringe all die Erfahrungen meines Alltags, meine Unruhe, meine Sehnsucht dorthin.
Was passiert, wenn mein Leben im Außen und mein Leben innen sich treffen?
Es ist mir, als ob zwei sich ansprechen mit «Du»: berührbar, sich anlächelnd, wohlwollend. Da wird zurückgeführt, geprüft und gefühlt, was aufeinandertrifft oder auseinanderdriftet. Bin ich noch eins mit mir, identisch?
Still lasse ich mich sein an diesem Ort.
In meiner An-wesen-heit werde ich wesentlich,
erahne meines Wesens Grund und Begründung.
Du mein Leben – ich Dein Sein.
Ich lasse mich anschauen von Dir: gedacht und gewollt.
Vor Dir bin ich schön.
Aus Deiner Hand kann ich mich nehmen.

Welchen Glanz birgst du in dir?

Welchen Glanz birgst du in dir?

Wie wunderschön du bist: außen total gewöhnlich, eine Miesmuschel eben, aber innen! Ich bestaune dich! Schön, dass du dich mir zeigst! Ich freue mich an deinem Anblick.

Diesen Glanz hätte ich von außen niemals vermutet!

Ich frage mich, ob sich auch in den Menschen ein Glanz verbirgt?

Ich jedenfalls will an eine wundersame Schönheit in uns glauben, an einen Glanz auf unserer Herzensrückwand, der durch und durch heil ist und strahlend und gut.

Er erinnert mich daran, dass mir ein Stück Himmel ins Herz gelegt wurde, das von unermesslicher Güte ist.

Und es wäre zu schade und obendrein geizig, diese «Güte» in einem verschlossenen Schatzkästchen zu hüten. Sie ist dafür da, dass sie erkennbar wird in meinem Gesicht und meinem Umgang mit allem, was lebt.

Meine eigenen Gedanken

Ich bin nicht hier, um geliebt und bewundert zu werden,
sondern um zu handeln und zu lieben.
Es ist nicht die Pflicht der Menschen, mir zu helfen,
sondern es ist meine Pflicht, mich um die Welt zu kümmern
und um die Menschen in ihr.

Janusz Korczak

HFA VW 464

Was ist dein nächstes Ziel?

Was ist dein nächstes Ziel?

Dieser Strandspaziergang hat mich mit mir selbst neu in Kontakt gebracht. Es ist gut zu wissen, wer ich bin und wo ich gerade stehe, was mir weh tut und wovon ich träume.

Und jetzt, wo ich mir diese Zeit genommen habe, will ich dankbar sein für alle Entdeckungen, die schönen und die schmerzlichen. Liebevoll schaue ich zurück auf meinen Weg.

Vielleicht bin ich mir selbst neu bewusst geworden. Dieses Selbstbewusstsein ist wie eine Standortbestimmung, von der ausgehend ich mich orientieren kann.

Ich will mich weiter anrühren lassen von den Bildern, die mir täglich in den Blick kommen, und genau hinschauen:

Was scheint durch? Wo bin ich angefragt?

Ich ahne schon: Ich werde beide Hände voll zu tun haben.

Eins aber will ich in allem üben: liebevoller zu leben.

Meine eigenen Gedanken

Vergessen Sie nie: Das Leben ist eine Herrlichkeit.

Rainer Maria Rilke

Liebes Leben,
was ist *mein* erster Schritt dorthin?

Quellennachweise

Seite 10: Erich Fromm, in: Wolfhart Koeppen (Hrsg.): Spuren des Lebens, Aussaat: Neukirchen-Vluyn 1998, Seite 134.

Seite 16: Augustinus, in: Renate Spennhoff (Hrsg.): Ja zu jedem Tag, Aussaat: Neukirchen-Vluyn 1988, Seite 110.

Seite 22: Fulbert Steffensky: Feier des Lebens. Spiritualität im Alltag, Kreuz: Stuttgart 2003.

Seite 28: Antoine de Saint-Exupéry, aus: «Die Kunst der kleinen Schritte», in: Die Stadt in der Wüste, Rauch: Düsseldorf 1956.

Seite 34: Johann Wolfgang von Goethe, aus: «Der Bräutigam», http://www.literaturwelt.com/werke/goethe/braeutigam.html

Seite 46: Johannes Rau, «Berliner Rede 2002», http://www.bundespraesident.de/SharedDocs/Reden/DE/Johannes-Rau/Reden/2002/05/20020513_Rede.html

Seite 52: Rose Ausländer: Im Aschenregen die Spur deines Namens, S. Fischer: Frankfurt am Main 1976.

Seite 58: Marc Chagall, in: Waldemar Wolf, Renate Spennhoff (Hrsg.): Zusammen wachsen. Gedanken, Geschichten, Gebete, Aussaat: Neunkirchen-Vluyn 1999, Seite 66.

Seite 64: Dorothee Sölle: Loben ohne Lügen. Gedichte, Fietkau: Berlin 2000, Seite 12.

Seite 70: Anna Thüne, Rina Olfe-Schlothauer und Elefanten-Press-Verlag, Berlin (Hrsg.): Frauenbilder-Lesebuch, Büchergilde: Frankfurt am Main, 1980.

Seite 76: Udo-Jürgens-Song: «Heute beginnt der Rest deines Lebens».

Seite 82: Thomas Brasch: Kargo. 32. Versuch, auf einem untergehenden Schiff aus der eigenen Haut zu kommen, Suhrkamp: Frankfurt am Main 1977.

Seite 100: Paul Tillich, in: Waldemar Wolf, Renate Spennhoff (Hrsg.): Zusammen wachsen. Gedanken, Geschichten, Gebete, Aussaat: Neunkirchen-Vluyn 1999, Seite 90.

Seite 106: Karl Valentin, in: Waldemar Wolf, Renate Spennhoff (Hrsg.): Zusammen wachsen. Gedanken, Geschichten, Gebete, Aussaat: Neunkirchen-Vluyn 1999, Seite 75.

Seite 112: Stanisław Jerzy Lec: Alle unfrisierten Gedanken, Hanser: München 1982.

Seite 118: Max Frisch: Tagebuch 1946–1949, Suhrkamp: Berlin 2011.

Seite 124: Kurt Marti, http://cms.bistum-trier.de/bistum-trier/Integrale?MODULE=Frontend&ACTION=ViewPageView&Filter.EvaluationMode=standard&PageView.PK=31&Document.PK=111834

Seite 130: Viktor E. Frankl, http://www.franklzentrum.org/index.php?show=1211&id=136

Seite 142: Janusz Korczak, in: Friedhelm Beiner: Was Kindern zusteht, Gütersloher Verl.-Haus: Gütersloh 2008.

Seite 148: Wolfhart Koeppen und Renate Spennhoff (Hrsg.): Einblicke – Ausblicke, Aussaat: Neunkirchen-Vluyn 1983, Seite 26.

Ich werde dich segnen. Ein Segen sollst du sein.

1. Mose 12,2

Die Autorin

Marina Gaenslen arbeitet als Religionslehrerin und Referentin in der kirchlichen Erwachsenenbildung. Als geistliche Begleiterin und angehende Supervisorin steht sie Menschen in Umbruchssituationen zur Seite. Die gebürtige Bayerin hat es vor fünfzehn Jahren mit ihrer Familie an die norddeutsche Küste verschlagen.
Um selber immer wieder auftanken zu können, genießt sie ausgedehnte Strandspaziergänge in St. Peter-Ording, einem Kurort an der schleswig-holsteinischen Küste. Fast alle in diesem Buch gezeigten Bilder hat sie dort aufgenommen.

Einige der im Buch abgebildeten Bildmotive können unter
www.fotografieundspiritualitaet.de
auch als Postkarten erworben werden.

monstruitos

Dylan Dog es un cómic de monstruitos. Pero no de esos monstruitos de seis años que vienen al cumple de tu hijo y te dejan la casa con más mala cara que un friki después de ver la peli de Green Lantern. Hablo de monstruitos de verdad, de esos macabros con mala leche que arañan espaldas y ponen clave al wifi. Dylan es el prota ligoncete e interesante, un galán que siempre viste de rojo y negro y que calza zapatos de esos que reservas por si te invitan a "los Goya". Es un ser carismático que investiga sucesos paranormales, que no "para anormales". Vamos, el típico amigo que querrías tener si empiezas a oler a azufre cuando se va la luz en la comunidad.

Total, que Dylan y su compadre Groucho se cruzan de vez en cuando con un inspector de Scotland Yard y su regordete ayudante, personajes que dan cordura a las excentricidades de los dos protagonistas.

Cabe destacar que el autor puso caras familiares a sus personajes porque le pareció desternillante: Dylan es el actor Rupert Everett, Groucho es Groucho y el ayudante del inspector es el actor Roberto Morley. Supongo que Tiziano Sclavi los dibujó así para ver si la gente era 'avispá' y se daba cuenta del guiño.

Es un cómic muy completito, sobre todo si te gusta ver a Groucho investigando fantasmas a lo serie Sobrenatural, si piensas que vestir siempre del mismo color no es de ser un puerco y si te gusta ir siempre respaldado por fuerzas de la ley, lo cual siempre está bien si quieres ir a sacar dinero a un cajero y te aborda un vampiro, o si te estás haciendo pis en la cola del cine y quieres que alguien te guarde el sitio, que hay mucho buitre suelto.

DYLAN Y GROUCHO ALTERNAN POR LAS NOCHES CON MUY MALAS COMPAÑÍAS: MONSTRUOS, CRIATURAS Y DEMÁS SERES DE LA FARÁNDULA DEL TERROR

Fuga de pinza

Este cómic comenzó sus andadas en la Barcelona de los años setenta, y versa sobre Makoki, un chotao que se escapa del manicomio de sopetón. De hecho, lo hace tan aprisa que hasta se deja puesto el casco con cables 'pelaos' con el que le estaban haciendo un electroshock. Vamos, que tiene el cerebro más frito que un friki tras 38 horas seguidas jugando al Munchkin.

Total, que este 'colgao' empieza a juntarse por callejones y tugurios con la mayor morralla de la sociedad, gente que vive debajo de puentes, viejas que se cuelan en las colas del súper y muchachos que toman "drojas" y te hablan muy malamente si les dices que se peinen bien.

Cabe destacar que el lenguaje de esta historieta es difícil de entender si no te has criado entre mapaches en celo, que usan expresiones del populacho más de barrio que un rapero novato, y que los policías y gentes de la ley siempre les persiguen porque las calles no quedan bonitas con semejantes energúmenos. Personajes como el inspector Pectol o el comisario Lopenera. ¡Ah! De vez en vez van soltando galletas a porrillo y el prota, el cabeza medusa, tiene que endiñarse a cada rato electricidad en el cerebro a modo de colocón, aparte de otras sustancias nada bonitas de nombrar en un libro.

Es un cómic muy completito, sobre todo si no te gusta Shakespeare porque suena tan empalagoso como una peli de Meg Ryan, si tomas medicinas de las que no venden en farmacias, y si te identificas con los personajes porque tienes los transplantes biónicos algo escacharrados (¡vaya guiño a Regreso al Futuro II me acabo de cascar!).

SI ALGUIEN ME EXPLICA QUÉ DEMONIOS HACE POPEYE EN LA BARCELONA DE LOS AÑOS SETENTA, QUE HABLE AHORA O CALLE PARA SIEMPRE

¡va de zombis!

The Walking Dead es un cómic de zombies («no es solo eso, es una alegoría sobre la vida y...» «Zombis...» «Que no, en serio, va sobre personas y sus relaci...» «¡DE ZOMBIS, COÑO!»). La historia va de un sheriff que se despierta completamente solo en una camilla de hospital. Está más solo que un friki que pregunta a sus amigos no frikis si le acompañan a ver una peli japonesa.

Total, que se va del hospital y, ¡oh sorpresa! ¿qué se encuentra? Zombis, zombis por un tubo. Zombis niñas, zombis partidos en dos, zombis sin mandíbula, zombis mamporreros... Zombis a punta pala, y ninguno precisamente va a pedirle fuego. El mundo ya no es lo que era porque un misterioso virus (seguramente diseñado por George A. Romero) ha convertido a gran parte de la población en comecerebros. Han hecho una serie de TV en la que los diálogos son más lentos que una tortuga que no es Ninja, entre frase y frase da tiempo a prepararse unos nuggets.

Cabe destacar que la mujer del sheriff es más guarra que la Mary Jane, si no está incitando a pelea se está acostando con su mejor amigo, un tío malote que malmete y bebe alcohol de la botella sin limpiar luego la boquilla. ¡Ah! E intenta matar a su amigo, lo más normal entre colegas.

Es un cómic muy completito, sobre todo si quieres ver zombis haciendo cosas de zombis. Te enseña cosas útiles como que si quieres que un zombi no te coma tienes que restregarte tripas de zombi por toda la cara. Sé que he dicho mucho la palabra "zombi", pero es lo que tiene el cómic: ZOMBIS A CHOLÓN. Y van en bandadas, como los gallimimus de Jurassic Park.

PODRÍA PARECER UNA MANIFA DE PERROFLAUTAS, PERO SON ZOMBIES DANDO UNA VUELTA UNA MAÑANA DE DOMINGO. LOS HUMANOS ESTÁN PENSANDO "TOTÓ, CREO QUE YA NO ESTAMOS EN KANSAS".

pateando culos

Kick Ass es Spiderman sin poderes. Sí señor, así como lo cuento. Dave Lizewski es un chico de instituto normal, le gustan los cómics, ver la tele comiendo ganchitos y de vez en cuando se lleva el papel higiénico al ordenador. Vamos, como tú y como yo. Pero a este ni le pica una araña, ni se va al espacio y le da un soplo solar, ni toca por error un meteorito ionizado con partículas extraterrestres simbióticas... Un tío normalote.

Total, que un día piensa p'adentro: «¿Y por qué no puedo ser un superhéroe?». Así que hace lo que todos hemos hecho alguna vez: se diseña un traje y se busca un nombre guapo que acojone: Kick Ass (el pateador de culos). La diferencia entre él y nosotros es que él se lo pone y sale a la calle en plan carnaval. Y no es el único. Parece que la moda se extiende y todos los colgados de Nueva York empiezan a robarle las mallas a su madre para imitarlo. Algunos son buenos y otros se hacen malotes (ya sabéis el poder que te da ir por ahí con la cara tapada y leotardos).

Cabe destacar que en el cómic le ayuda una niña que pelea mejor que un friki cuando solo queda un ejemplar de su cómic favorito, y Big Daddy, un hombre que pega hostias como panes (que en la peli es Nicolas Cage disfrazado de... Batman; sí, es Batman sin orejas). Aparte, los amigos de Dave creen que es chapero y se hace pasar por gay ante la tía que le gusta, lo más normal si te la quieres zumbar, que crea que no puedes hacerlo.

Es un cómic muy completito, ya que te hace pensar como un psicópata y te entran ganas de ponerte un traje y salir a matar malos.

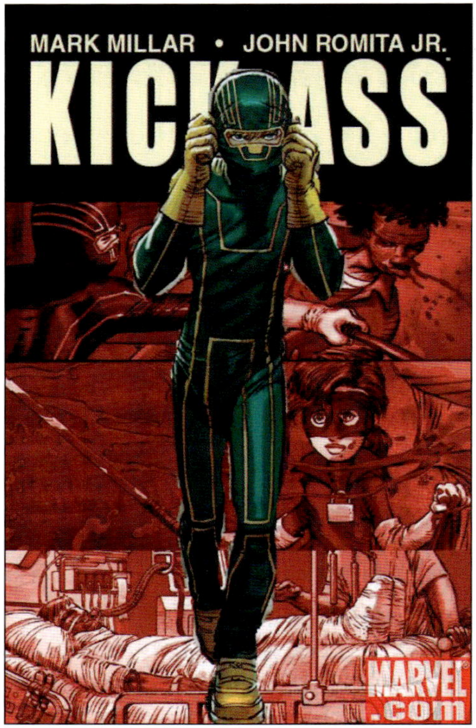

SI TE ATOSIGAN CINCO TÍOS CON MÁSCARA Y TIENEN UN PERRO MUERDEPELOTAS, DILES LO QUE QUIEREN SABER; SI NO POR TI, POR TUS PENDIENTES REALES

palos de ciego

¿Conoces la expresión "dar palos de ciego"? Pues esta historia va de un encapuchado ciego que da unos palazos de fliparlo. Como los sardinetazos que te daba tu madre cuando metías el dedo en la tarta. Matt Murdock (se apellida como el loco del Equipo A) es un abogado bueno y puro que no hace daño a nadie. Defiende a ancianitas y niños a los que les quitan caramelos, pero no a gente que mata o sube series a internet, los más peligrosos de la sociedad.

Total, que Murdock sufre un accidente en el que le cae encima el ungüento radiactivo de un camión (cosas normales que transportan en Nueva York) y en vez de salirle un sarpullido, le agudiza todos los sentidos menos la vista. Vamos, que Matt sigue ciego, y no de beber mojitos. Entrenado a lo Karate Kid, aprende a pulir cera, dar volteretas por las cornisas y se pone una bata de boxeador para vengar el asesinato de su padre, un tipo apodado "Batallator". ¿Quién no vengaría la muerte de un padre llamado "Batallator"? Así que se pone el sobrenombre de Daredevil. Matt defiende en los tribunales a gente de bien y por la noche atrapa a forajidos que no se enderezan ni poniéndoles una férula de cuerpo entero.

Cabe destacar que en una peli el papel de Daredevil fue interpretado por Ben Affleck, que parece que le cogió gustito a ir embutido en cuero y luego se hizo Batman.

Es un cómic muy completito, ya que te hace ver que, aunque veas menos que un Friki con gafas en una sauna, no debes permitir que tus limitaciones te impidan hacer parkour por los tejados vestido como un malabarista de circo.

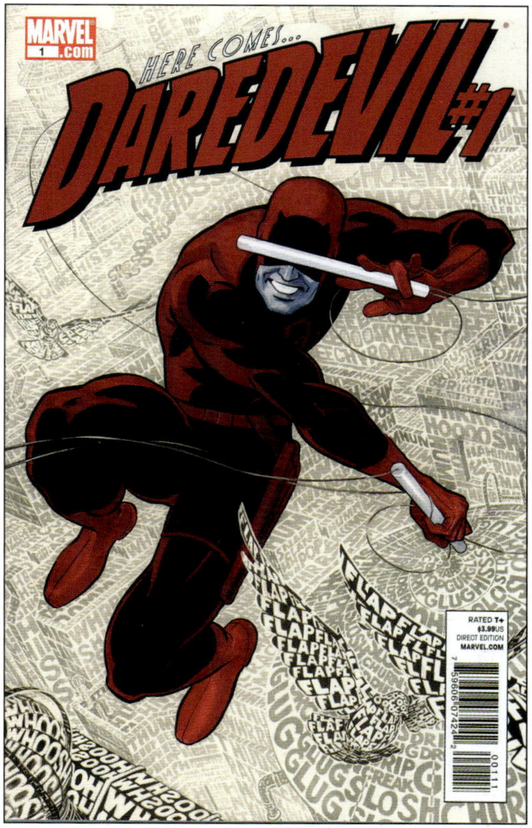

ME DA LA SENSACIÓN DE QUE TANTO CON LA MUJERES COMO VESTIDO DE SUPERHÉROE, ESTE SEÑOR SE PASA MEDIA VIDA EN POSICIÓN HORIZONTAL. HE SIDO SUTIL.

la chica tanque

Para los acostumbrados a traducciones de títulos de pelis que se parecen al original lo mismo que un mono a un ornitorrinco (Die Hard vs La Jungla de Cristal), Tank Girl significa algo así como “la chica del tanque”. Dicho esto, podemos continuar.

Tank Girl es, sorpresa, una chica que tiene un tanque. No solo para conducirlo, también vive en él, seguramente más apretada que un friki de esos de comer ganchitos con la ropa de Danny DeVito. Todo transcurre en una Australia postapocalíptica, lo que hace pensar en lo mucho que le gusta un Apocalipsis a un dibujante de cómic (un Apocalipsis, y que te piquen bichos radiactivos en general).

Total, que la chica resuelve misiones a lo Equipo A para una organización, hasta que esta le pone sus maletas en la calle en plan “te doy 10 minutos y voy a por ti”, porque no se ponen de acuerdo en cosas como la hora de fichar o si las dietas y el parking van incluidos. Con lo difícil que es aparcar un tanque hoy día.

Cabe destacar que la chavala es muy mal hablada, suelta comentarios de esos que molestarían a un cura o a una vecina vieja. Que su novio, Booga, es medio hombre medio canguro, y en la cama no le hace el salto del tigre, le hace el salto del canguro. Y que hicieron una peli en los noventa de esas con naves, calaveras en el desierto y malos de los que no sabes si huir o descojonarte en su cara.

Es un cómic muy completito, porque si tienes un tanque y te pilla atasco, puedes cargarte el atasco. Aparte, te demuestra que aunque tu novio sea medio canguro puede ser un buen compañero con el que compartir una botella de lambrusco.

EN LOS CÓMICS, BOOGA SE VE RUDO Y PELIGROSO. EN LA PELI QUE HICIERON SE PARECÍA AL GRINCH LEVANTADO A LA FUERZA UN DOMINGO CON RESACA PARA IR A COMER A CASA DE LA ABUELA.

sushi futurista

Akira es otra de esas historietas de culto basadas en un futuro apocalíptico en el que una serie de explosiones nucleares dejan el planeta más agujereado que el calcetín de un mendigo.

Total, que la NeoTokio de 2019 es una ciudad caótica con destrucción, delincuencia, niños con cara de viejo, bandas de moteros y gente con poderes psíquicos más peligrosos que un friki a solas con Jar Jar Binks en una habitación llena de objetos que acaban en punta.

Cabe destacar que Akira es el mítico niño que, se sospecha, causó la explosión de Tokio. Aparte está Tetsuo (nombre tan de personaje de Doraemon), un zagal al que los científicos ven potencial por sus poderes mentales de levantar cosas con la mente y doblar cucharas, y piensan que es un nuevo Mesías que viene a limpiar la ciudad a fondo, sin meter la pelusa bajo el felpudo.

Akira fue adaptado a cine de animación, y es de esas pelis en plan manga, con gente sin nariz y pelos de punta que a la mínima les sale una gota de sudor en la frente y se caen de espaldas cuando pasa algo gracioso. Vamos, yo no la he visto, pero así transcurre en mi cabeza. Hay amor, comederos de cabeza trascendentales en plan Woody Allen pero sin prozac, carreras de motos, sangre a salpicones y metralletas grandes de esas que matan a cuatro malos de una sola pasada.

Es un cómic muy completito, sobre todo si te gusta comer sushi futurista, tomar medicamentos que potencien tu cerebro para mover latas de cerveza con la mente, y si tu sueño es destruir una ciudad entera a lo Peter Petrelli, el de Héroes.

CLARAMENTE, LA IMAGEN NOS MUESTRA EL TRONO DE JUEGO DE TRONOS (VALGA LA REDUNDANCIA) SOLO QUE EN VERSIÓN MANGA

secret wars

Este cómic es un batiburrillo de malos y buenos de Marvel, concebido para que Mattel vendiera más muñequitos de Superhéroes. Al parecer, He-Man no era lo bastante imponente con su pelado a lo Mari Trini. La historieta trata de un ser supremo de otra galaxia (un mojigato con bigote prepúber y poderes cósmicos) que decide coger a todos los superhéroes y villanos que puede en plan "All you can eat" pero con gente de carne y leotardos, y los teletransporta a otro planeta para que se líen a hostias.

Total, que este al que apodan Beyonder (de "beyond", "más allá", lo que en su día dijera Buzz Light Year), dice que a quien gane le dará el poder de hacer todo lo que desee. Eso los deja más ambiciosos que un friki con un sable láser de esos que brillan. Como si te aparece el Dragón de Goku y suelta: «Habla por esa boquita, que yo te lo cocino». La cosa se pone fina cuando el Doctor Doom empieza a malmeter. Sí, lleva máscara de hierro y echa rayos, pero la capa siempre se le engancha en los picaportes y eso le deja con inquina y ganas de chinchar.

Cabe destacar que el cómic no es especialmente bueno. Es como si al dibujante le dijeran «si parece imposible, tú dibújalo, luego lo arreglamos en postproducción», pero van y lo dejan tal cual. Gente resucitando, Hulk levantando montañas, Spiderman vistiendo de negro (lo que viene genial para colarse en un cóctel), etc.

Es un cómic muy completito porque da igual si eres fan de uno u otro, aquí están todos, es como La Isla de los Famosos pero en plan carnaval.

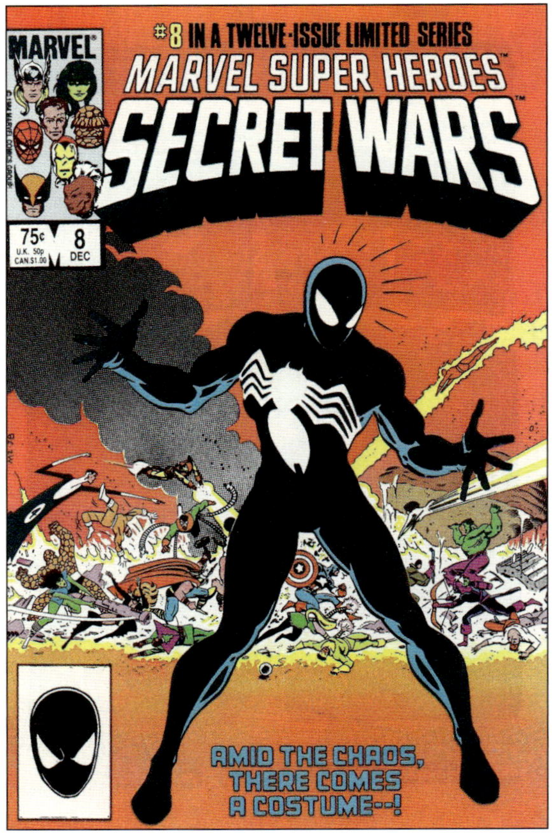

EJERCICIO: SI SUMAMOS EL NÚMERO DE SUPERHÉROES DE LA VIÑETA SUPERIOR AL NÚMERO DE SUPERVILLANOS DE LA INFERIR, EL RESULTADO ES IGUAL A UN CONJUNTO DE HOSTIAS DE PADRE Y MUY SEÑOR MÍO

superpandilla

Como todo el mundo conoce a los Vengadores, solo daré unas reseñas para los no iniciados:

Robert "Ironman" Downie Jr.: un ricachón jocoso que, aburrido de ir a galas de la Asociación del Rifle, se hace un traje de robot que echa rayos y tiene una luz de noche en el pecho por si te da miedo dormir con la luz apagada.

Mark "Hulk" Ruffalo: un caballero educado que nunca levanta la voz, pero cuando se enajena se pone grande y verde como una aceituna gordales y pega galletas con poderío.

Scarlett "Viuda Negra" Johansson: una señora que está muy rica pero como le pises el suelo recién 'fregao' saca una navaja suiza de la muñeca y da una pirueta que te deja inconsciente.

Chris "Capitán América" Evans: un esmirriado de Brooklyn al que le dan un pinchazo y le meten en un microondas industrial que le deja más petado que The Rock con una camiseta XS.

Chris "Thor" Hemsworth: un semidiós rubiales con un martillo pilón que vuela, crea relámpagos en noches despejadas y provoca ondas expansivas que tiran del buey a un tejano en un rodeo.

Y un tío con un arco lleno de ganchos y pendrives, con más puntería que Julio Iglesias en la mansión Playboy. El que les manda los recados es **Samuel L. Jackson**, siempre de mala hostia porque fue a rascarse un ojo cuando trinchaba el pavo en acción de gracias y se quedó tuerto con un parche. Cuando le hablan por ese lado tiene que girar la cabeza para ver quién es, y eso enoja.

Aparte, en los cómics entran y salen superhéroes como en una discoteca con aforo completo.

EN LA PELÍCULA QUE HICIERON, ESTABAN TODOS MUY BIEN REPRESENTADOS MENOS EL NEGRO, QUE DECIDIERON CAMBIARLE LA RAZA DE SOPETÓN, A LO MICHAEL JACKSON PERO CON NARIZ; A LA IZQUIERDA VEMOS A LA "VIUDA NEGRA" SCARLETT JOHANSSON

granjero galáctico

Si decimos que la Monarquía y los religiosos siempre están liándola con sus excentricidades, podríamos hablar de España. Pero si a esto unimos un guerrero galáctico convertido en granjero, hombres gato, telépatas y planetas destruidos... podríamos hablar del futuro de España. Pero no, hablamos de Dreadstar, un cómic de Marvel.

Vanth Dreadstar, un señor rudo de esos que luchan por sus creencias, se cansa de batallar por cosas como que el abrefácil de la leche sea más práctico, y decide mudarse a lo Paco Martínez Soria a un planeta apartado donde se hace granjero sin molestar. Hay hombres gato, lo que da tranquilidad porque los gatos hacen sus cosas ellos solitos.

Total, que lejos de pasarse la vida en su granja tocando el banjo con una pajita en la boca, la iglesia y la monarquía se lían a collejas, destrozan el planeta y matan a su señora, lo que le deja más tocado que un friki cuando ve al árbol de Los Guardianes de la Galaxia bailando una milonga o que Vin Diesel cuando le contratan para una peli de superhéroes y solo le dejan decir «Yo soy Groot» sin vérsele la cara.

Cabe destacar que la cosa se pone fea cuando a los protas, entre ellos una telépata, un gatuno y un contrabandista, les dejan sin casa, sin familia y sin wifi, y Dreadstar se propone para año nuevo luchar contra todo el que pueda y reinstaurar la paz en la galaxia.

Es un cómic muy completito porque todos hemos querido alguna vez tener un hombre-gato como amigo, que tu colega vomite bolas de pelo es siempre un descojone. Lo de tener una amiga telépata no compensa, si le miras el trasero cuando se vuelva, lo sabrá.

–¡DAME MI ESPADA!
–¡SI ME DEVUELVES MI NARIZ!
–¡NO TENGO TIEMPO PARA JUEGUECITOS, VOLDEMORT!

A LA IZQUIERDA, DIRECTAMENTE DESDE EL ESPACIO... ¡EL AUTÉNTICO HOMBRE GATO! GRAN GUERRERO Y MEJOR MASCOTA.

¡muérdeme!

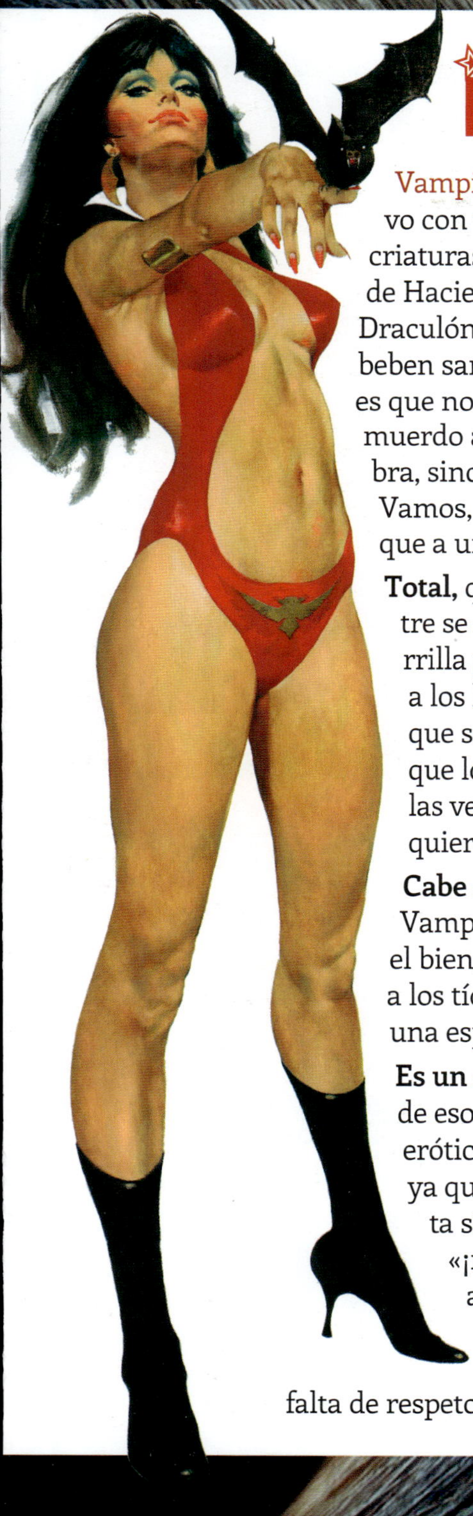

Vampirella es un cómic erótico-festivo con vampiros, seres de otra galaxia, criaturas del averno y demás inspectores de Hacienda. Vampirella es del planeta Draculón, habitado por los Vampiri, que beben sangre a borbotones. La diferencia es que no exprimen a la gente dándoles un muerdo ateniéndose a que les hagan la cobra, sino que fluye por los ríos del planeta. Vamos, que la sangre les sale más gratis que a un friki el wifi de su vecino.

Total, que un buen día, una nave terrestre se estrella y Vampirella, que es guarrilla pero con buen corazón, socorre a los heridos con el boca a boca para que sobrevivan, así es como descubre que los terrícolas tenemos sangre en las venas, lo que hace que los vampiros quieran beber directamente del tirador.

Cabe destacar que, lejos de matarlos, Vampirella viaja a la Tierra para hacer el bien, aunque de camino vaya dejando a los tíos palotes perdidos, ya que lleva una especie de trikini como el de Borat.

Es un cómic muy completito si eres de esos que piensa que leer un cómic erótico en vez de porno no es pecado, ya que si te lo pilla tu madre y pregunta si te parece bonito, le puedes decir «¡mamá, que tiene argumento, es arte!» No es un cómic bonito si piensas que ir por ahí quitándole la sangre a la gente es una falta de respeto y educación.

LA GENTE QUE DICE QUE OBVIANDO QUE LO ÚNICO QUE TAPA A LA SEÑORITA SON ALGUNAS POMPAS DE JABÓN COLOCADAS AL AZAR... ¿QUÉ COJONES ES EL BICHO QUE ESTÁ A SUS PIES?

mi pájaro y yo

Arzach es uno de esos cómic ideales si eres de los que coge un libro solo para mirar los dibujitos, ya que no tiene texto. Lo que no sé es si es porque el dibujante lo mandó a imprenta con un post-it que se despegó en el que ponía "que alguien le ponga bocadillos a esto". Como sea, eso te da pie a pensar y tomar tus propias conclusiones, lo que tampoco está mal porque te hace más inteligente que un friki con tiempo libre y la Wikipedia.

Total, que Arzach deambula por su mundo rocoso de piedras escarpadas, con un capuchón y montado en pterodáctilo con la ventanilla bajada y la mano fuera dándole el fresquito, como quien se cruza EE. UU. por la Ruta 66. En su camino encontrará mujeres desnudas, personajes oníricos, huesos gigantes de animales pasados y cavernícolas calvos que solo llevan un taparrabos de quita y pon.

Cabe destacar que el dibujante se llama Jean Giraud, pero prefiere que sus colegas le llamen Moebius (como si te llamas José Carlos pero firmas tus dibujitos como "el Ríchal"). Que ARZACH es un nombre que en las publicaciones ha ido cambiando de ortografía, quizás porque el corrector del Word lo cambiaba a su antojo. Y que el título siempre aparece al final de la historia para que el lector recuerde que existe algo llamado "texto".

Es un cómic muy completito, porque te lo puedes "leer" mientras rellenas un sudoku y porque te entran ganas de picar piedra para encontrar un mosquito conservado en ámbar, clonar a tu propio dinosaurio volador, ponerte una capucha de almohada en la cabeza y sobrevolar el desierto de Almería.

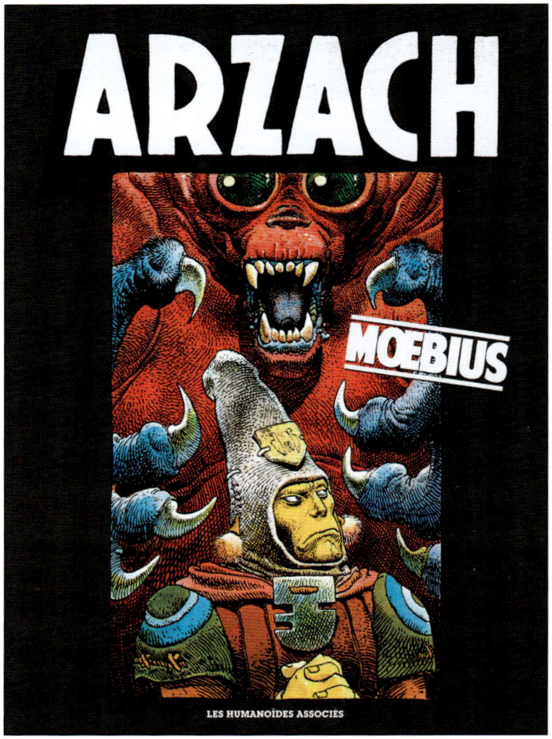

EL PÁJARO DE NUESTRO AMIGO (UN PTERODÁCTILO, PARA EL QUE SEPA PRONUNCIARLO) TIENE TODA LA CARA DE ALEC BALDWIN EN "BITELCHÚS" CUANDO QUIERE ASUSTAR A LOS VIVOS

caballeros 3.0

El argumento no tiene desperdicio. Todo comienza en el año 3000, cuando una raza alienígena decide dominar la Tierra. Así, sin mandar primero un whatsapp, ni avisar de que se quedan a cenar. Los alienígenas son muy de eso, de dominar por dominar, nunca vienen solo para pasar la tarde.

Total, que un chaval que andaba aburrido descubre fortuitamente la cripta del Rey Arturo (pero no el de Disney que era un blandito, sino el de repartir espadazos) y acaba resucitándolo junto a Merlín, los caballeros de la mesa redonda y su hermana Morgana, que como hermana que es, le dará algún que otro dolor de cabeza, ya que es mala y no quiere que Arturo entre en su cuarto para leer su diario secreto.

Cabe destacar que tras resucitar no se quedan de brazos cruzados, sino que arremeten contra los aliens con más insistencia que un friki tras cinco días de cola esperando el nuevo iPhone. Vamos, que la historia tiene caballeros y aliens, ¡qué más se puede pedir! Es una obra de culto muy bien dibujada, no de esas hechas a prisa con boli. Sin censura, lo que da libertad para soltar tacos y mostrar cacho en sus viñetas, cosa de agradecer para un chaval al que le de vergüenza comprar una revista porno (recordad que en los ochenta no había internet como ahora, que lo hace todo más fácil y variado... ya me entendéis).

Es un cómic muy completito, ya que si no te gustan las historias medievales, quizás te gusten las futuristas. Y si te mola la magia, ahí está Merlín, el mago más potente de la historia, incluso más que Gandalf y Juan Tamariz.

ALIENS, CABALLEROS, LUCHAS A MUERTE Y SEXO. DEFINITIVAMENTE, HE MUERTO Y ESTOY EN EL CIELO. QUE NADIE ME DESPIERTE, POR FAVOR.

superhéroes

5

NO TODOS LOS SUPERHÉROES NACEN, Y SI NO MIRAD A BATMAN

Ser un Superhéroe no es fácil. Nos quedamos solo con los momentos buenos, cuando plenos de gloria derrotan al villano de turno, pero hay que vivir con unos superpoderes que la mayoría de las veces ni hemos pedido ni nos permiten llevar una vida normal, cuando... ¡Anda ya! Cuántos de nosotros, oh frikis, daríamos un brazo por tener los poderes de Supermán (aunque eso nos impediría volar equilibrados...).

superpoderes

que no querríamos ni regalados

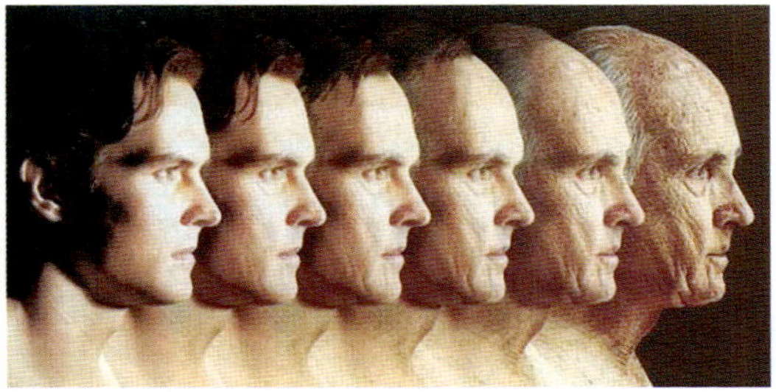

← Envejecimiento ultrarrápido

Megaatracción de balas →

Leer tu propia mente ↓

Invisibilidad en la oscuridad

Caída de cabello instantánea ↑

Llorar lágrimas de ácido ↓

Control del mando a distancia →

← Resucitar insectos

superhéroes

con poderes absurdos

Cuando uno piensa en cómo cambiaría su vida si fuera un superhéroe piensa en poder, en superfuerza, en unos músculos dignos de un guerrero, en poderes telekineticos y regenerativos... Pero, ¿y si ser superhéroe no fuera así, sino muchísimo más cutre? ¿Y si el superpoder que nos toca es no ya digno de la Legión del espacio B, sino ni siquiera de hacer equipo con El Exterminador de Tontos (ese superhéroe que... bueno, que aniquilaba tontos)? ¡Bienvenidos a esta lista con los 10 peores superpoderes de la historia! Porque tener superpoderes no implica que te sirvan para nada...

nitro

Superpoder: **autodestrucción**. Robert Hunter, más conocido como Nitro, fue conocido por ser quien dio el cáncer al Capitán Marvel, que le llevaría a la muerte. Pero no lo logró por su superfuerza ni nada parecido: lo único que Nitro puede hacer es explotar, convertirse en gas y volver a unirse para poder volver a explotar cuando quiera. Su mayor éxito ha sido explotar delante de los Nuevos Guerreros y causar la muerte de 600 personas, lo que dio inicio a la saga Civil War.

stone boy

Superpoder: **convertirse en piedra**. El quedarse totalmente quieto no valía para nada, pero estuvo a punto de entrar en la Legión de Superhéroes.

tildie

Superpoder: **sus pesadillas aparecen en la vida real**. Sin embargo, recuperó pronto la normalidad y ni siquiera luchó con los X-Men.

typeface

Superpoder: **lanzar armas con forma de letra**. También lanza fichas de Scrabble gaseadoras, bombas con letras y letras afiladas.

la abeja roja

Superpoder: **pistola rellena de abejas**. Este abogado estadounidense luchaba contra los nazis y maleantes con su pistola de abejas entrenadas.

chico clorofila

Superpoder: **hacer crecer las plantas**. En realidad, Chico Clorofila es un extraterrestre del planeta Mardu que cayó en un tanque de suero de agricultura que le dio el poder de estimular el crecimiento de las plantas, pudiendo llevarlas a su máximo en menos de un segundo. No entró en la Legión de Superhéroes, pero sí en la Legión de Héroes Sustitutos. Con el tiempo ha mejorado sus superpoderes, pero sigue haciendo lo mismo de siempre: Hacer que las plantas crezcan. ¡Qué útil!

super-trucker u.s.

Superpoder: **captar emisiones de camioneros en peligro**. Un chico bueno yankee ayuda a los camioneros gracias a su cráneo de metal.

tenzil kem

Superpoder: **come cualquier cosa**. Llegó a ser miembro de la Legión de Superhéroes y salvó el universo a fuerza de volverse loco.

goldstar

Superpoder: **amabilidad extrema**. Se enfrentó a Lobo con su superpoder imbatible (bondad, decencia y heroísmo puro) y terminó derrotado.

mister midnight

Superpoder: **parar los relojes**. No podía parar el tiempo, pero le daba tiempo a convertirse en Mr. Midnight y acabar con el mal.

cómo conseguir superpoderes

Desde los albores del tiempo, el ser humano ha soñado con poder volar... o hacerse invisible para meterse en el lavabo de señoras. En definitiva, tener superpoderes en general.

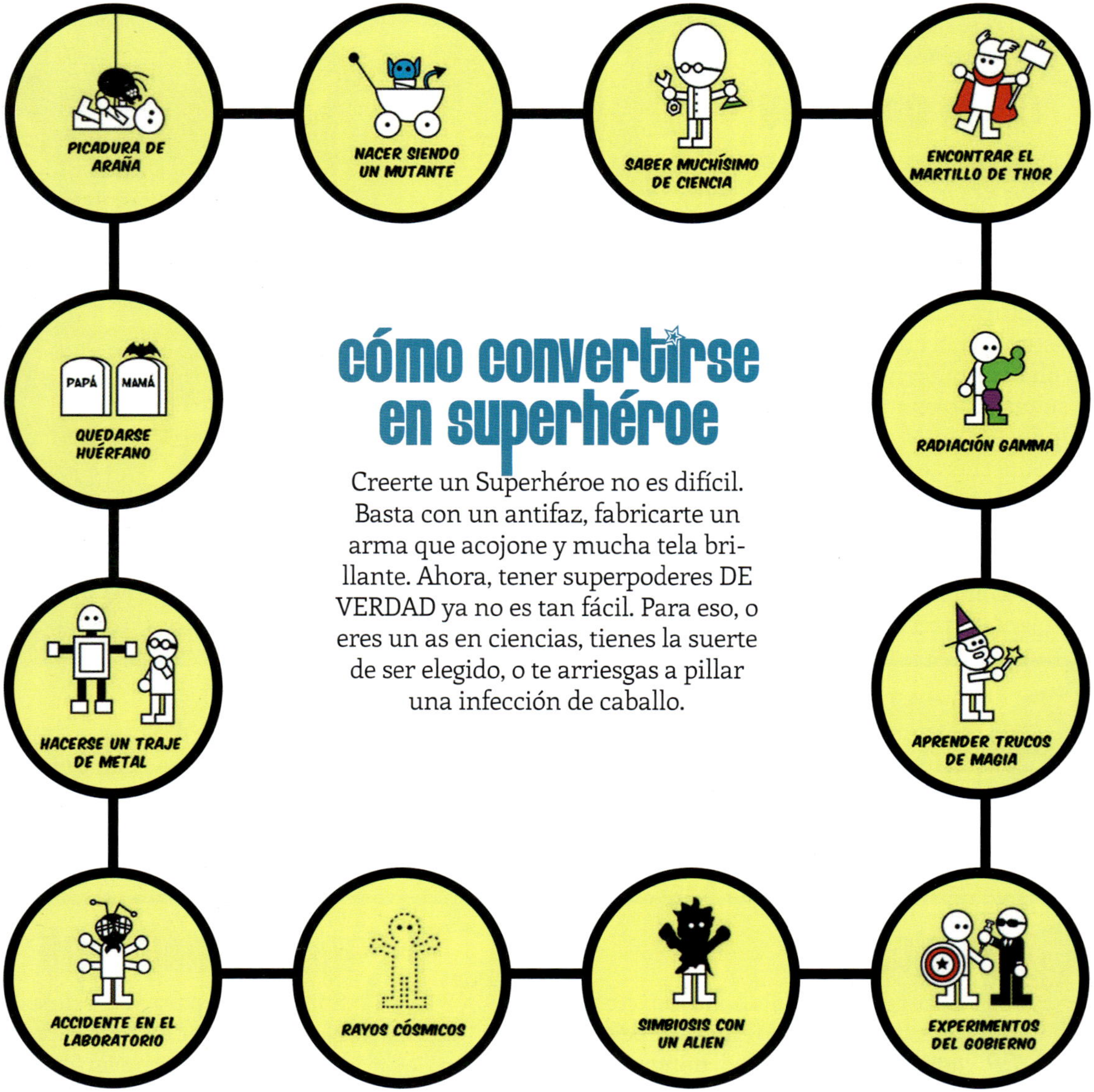

cómo convertirse en superhéroe

Creerte un Superhéroe no es difícil. Basta con un antifaz, fabricarte un arma que acojone y mucha tela brillante. Ahora, tener superpoderes DE VERDAD ya no es tan fácil. Para eso, o eres un as en ciencias, tienes la suerte de ser elegido, o te arriesgas a pillar una infección de caballo.

ser mutante de nacimiento

Lo bueno de nacer mutante con superpoderes adquiridos es que no tienes que hacer nada. Lo malo es que tampoco puedes hacer nada para conseguirlos, ya que vienen de fábrica.

Puedes intentar mutarte tú mismo mezclando tu ADN con el de otra cosa (consejo: no intentes ser "El Hombre Roca", perderías el tiempo, las piedras no tienen ADN), o encerrarte en una habitación con algún animal/insecto modificado genéticamente en celo para ver si te muerde, te pica o te convierte en su compañera de cama. Avisamos de que esto puede tener efectos secundarios: urticaria, hinchazón, calvicie, muerte, o mucho dolor de trasero si el animal con el que quieres cruzarte es un caballo percherón.

La otra opción es precisamente la que señala el enunciado: haber nacido con esos superpoderes y que aún no lo sepas. En este caso puedes esperar a que los poderes se manifiesten por arte de magia o intentar aflorarlos por tu cuenta antes de tiempo, lo que puede ser dañino para tu salud si eres un humano corriente y moliente.

Veamos algunos ejemplos de consecuencias fallidas:

1) Si vuelas y aún no lo sabes, puedes darte un trompazo de aúpa si lo intentas a la fuerza tirándote desde una cornisa.
2) Si te vuelves invisible y quieres comprobarlo por las malas robando un banco y falla, los efectos secundarios son: cárcel o muerte por tiroteo.
3) Si aseguras tener rayos X y te equivocas, simplemente quedarás como un voyeur, pero sin el beneplácito de haberte alegrado la vista.
4) Si atraviesas paredes y resulta que no, es probable que la pared te atraviese a ti.
5) Si crees tener la superfuerza y resistencia pétrea y te pones delante de una apisonadora, sí acabarás con un poder: el de atravesar puertas, pero por la rendija.

exponerte a radiación voluntariamente

Cierto, casi todos los superhéroes de cómic han surgido de la radiación, por lo que no es extraño pensar que sea el medio más rápido y barato de conseguir tus ansiados superpoderes, pero... ¿Es oro todo lo que reluce? Respuesta: NO. La ciencia sabe que, si lo haces, es posible que pilles de todo menos lo que realmente buscas. Desde pequeños nos dicen cosas como "no pongas la cabeza frente al microondas", "mirar la tele muy cerca puede volverte tonto" o "no te guardes el móvil junto a los genitales si quieres ser papá algún día"... Conclusión: tú mismo.

acudir a nuestra amiga la química

Quizás esta sea la explicación de por qué mezclábamos de niños todo tipo de alimentos, líquidos y mejunjes en un vaso en los convites de las comuniones, para encontrar la fórmula secreta que nos convirtiera en otra cosa, en otro ser. En este caso, todos los que ingerimos el resultado conseguimos convertirnos en "el increíble hombre diarrea".

La química real es mucho más exhaustiva y exigente, pero no todos tenemos los conocimientos para llegar a buen puerto. Intentar semejante proeza puede darte dones inimaginables, sí, pero para eso debes saber muy bien lo que haces. Los incautos que se han atrevido se han adentrado en el excitante mundo del dolor, de los picores, de la fatiga, del dolor inaguantable y de la pérdida de bello facial. Déjate de tonterías místicas y limítate a jugar al Cheminova sin marcarte el objetivo de ser más poderoso que Hulk haciéndose la cera: vivirás más y pasarás las tardes tan ricamente.

«Probé a sumergir un calcetín negro en la solución, pero solo logré descubrir un nuevo producto limpiador y aromatizante»

(Don Limpio)

«Probé vertiendo un poco de la poción en las cervezas de unos amigos cantantes, pero el resultado fue una horrible mutación cerebral y un ligero control telepático, pero lo peor es que deformé sus cuerdas vocales, pero insisten en cantar»

(Ex Pipa-man)

«Lo probé con mi gato. Funcionó con los dos y ahora es mi archienemigo, "Bat-cat"; ahora tengo que salvar al mundo de él y de sus maléficos planes todos los meses, lo cual es un todo un problema»

(The Cat-man)

ser elegido por una orden intergaláctica

Este es sin duda el método más excitante para conseguir poderes sobrehumanos, ya que básicamente no tienes que hacer nada, solo esperar a que todos los planetas se alineen, haya 15 eclipses solares consecutivos, muera uno de los suyos y te elija para ser su sustituto, o descubrir un agujero de gusano oculto en el cajón de los calcetines que te ponga en contacto con otra galaxia y los del Otro Lado determinen que es mejor hacerte su aliado que matarte para que no abras el pico. Vamos, que hay muchas posibilidades de que ocurra... Sí.

Esta opción supone multitud de ventajas, entre otras:

a) Se viaja mucho. Y muy lejos.
b) Te facilitan vehículo, teletransporte o el don de atravesar galaxias volando, por lo que se exige como mínimo el permiso B de conducir.
c) Conoces planetas con vida primitiva, con opción a someterlos o destruirlos.
d) Posibilidad de mantener relaciones sexuales con seres de otros universos, lo que en mi pueblo se considera zoofilia.

EL AGENTE JUAN CUMPLE CON TODOS LOS REQUISITOS

Solo hay una pega: nunca podrás colgar las fotos de tus viajes en Facebook, va contra el reglamento.

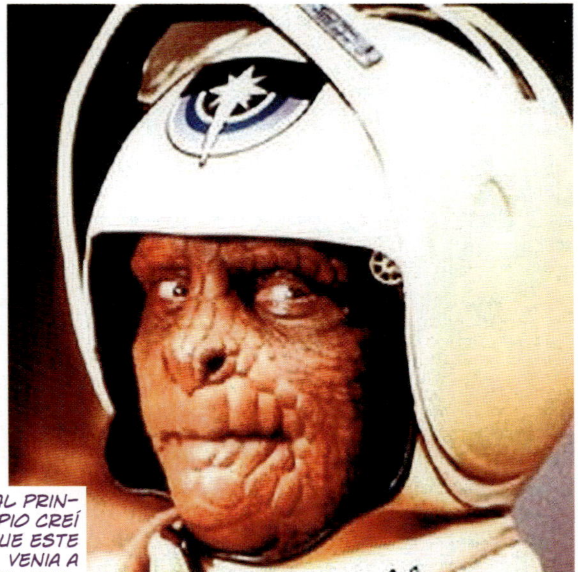

AL PRINCIPIO CREÍ QUE ESTE VENIA A RECLUTARME... PERO CUANDO ME PIDIÓ LOS PAPELES DEL VEHÍCULO Y EL CARNET, ESTABA CLARÍSIMO QUE IBA A SER QUE NO

APATRULLANDO LA CIUDAD

superhéroes made in spain

¿Pensáis que los superhéroes son solo yankees? ¡Nada de eso! Con una producción mucho más modesta, pero España también tiene unos cuantos superhombres y supermujeres.

ANTES QUE SPIDERMAN EXISTIÓ UN HÉROE ARÁCNIDO ESPAÑOL EN 1944. SU CREADOR, VÍCTOR DE LA FUENTE SE ADELANTÓ 18 AÑOS A PETER PARKER (1962)... ¡CHÚPATE ESA, STAN LEE!

SUPERHOMBRE IBÉRICO DONDE LOS HAYA, HABITANTE SOLITARIO DE UN CASTILLO TENEBROSO, POSEÍA UNA MÁQUINA CAPAZ DE CURAR AL INSTANTE CUALQUIER HERIDA Y TAMBIÉN UN CHALECO ANTIBALAS

ROCK-ROBOT ERA UN CIENTÍFICO CON UNA ARMADURA QUE LE PROPORCIONABA SUPERPODERES, ¿OS SUENA FAMILIAR?. PUES QUE SEPÁIS QUE IRON-MAN NACIÓ SEIS AÑOS DESPUÉS QUE ROCK-ROBOT

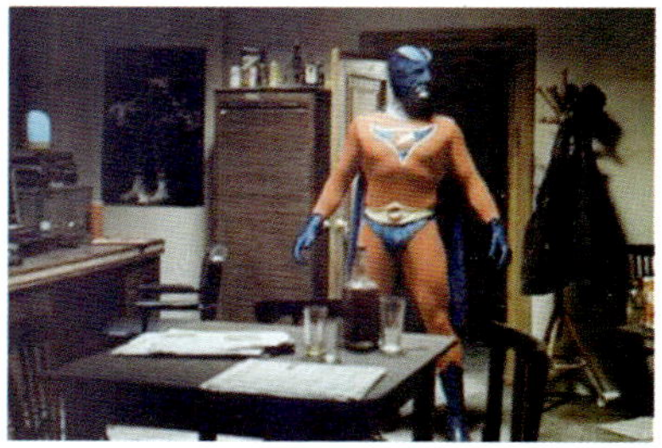

SUPERSONIC-MAN, EL SUPERMÁN ESPAÑOL, TAMBIÉN VINO DEL ESPACIO PARA SER EL GUARDIÁN DE LA TIERRA; AMBOS COMPARTÍAN PRÁCTICAMENTE LOS MISMOS PODERES PARA DERROTAR A LOS MALOS

IBERIA INC. ES UN GRUPO GUBERNAMENTAL DE METAHUMANOS FUNDADO DURANTE EL GOBIERNO DE AZNAR Y COMPUESTO POR TRUENO, MELKART, LOBISOME, DRAC DE FERRO, AQUAVIVA, TRASNU Y DOLMEN; AHÍ QUEDA ESO...

ibéroes

¡Son nuestra línea de defensa frente al mal! **Viriato**, el superhombre codificado dotado con poderes simultáneos pero de "uso único". **Tina Gelatina** se convirtió en gominola durante un asalto a una fábrica de golosinas de Alicante. **Abad Abraham** es un monje mago del Monasterio de Piedra. **Ramón del Valle**, una especie de Valle Inclán reencarnado en superhéroe. **Andy Androide**, un robot que viene de Jerez y es el mecanoide del mañana. **Birli & Birloque**, gemelos que son una sola persona que se divide en dos. Y **Pancho Sánchez**, un hombre sin poderes pero que se dedica a solucionar los problemas de sus compañeros.

superhéroes reales

Muchos hombres y mujeres van por ahí con trajes de látex y capa combatiendo la delincuencia, pero en lugar de golpear al prójimo con un palo de fregona, intentan acabar con la delincuencia y la maldad a lo Kick Ass en plan Superhéroes de barrio. Ya sea por convicción moral, por afán de protagonismo o por desequilibrio mental, todos decidieron dedicar sus vidas a ser... ¡¡LOS DEFENSORES DE LA JUSTICIA Y LA ÚLTIMA LÍNEA DE DEFENSA CONTRA EL MAL!!

DARK GUARDIAN (NUEVA YORK, EE. UU.)

SÚPER BARRIO (MÉXICO)

PHOENIX JONES (SEATTLE, EE. UU.)

KNIGHT WARRIOR (MANCHESTER, INGLATERRA)

MENGANO (BUENOS AIRES, ARGENTINA)

TERRÍFICA (NUEVA YORK, EE. UU.)

ENTOMO (NÁPOLES, ITALIA)

SUPERHÉROE A SECAS (FLORIDA, EE. UU.)

CRIMSON FIST (ATLANTA, EE. UU.)

CITIZEN PRIME (ARIZONA, EE. UU.)

DC GUARDIAN (WASHINGTON DC, EE. UU.)

EL CABALLERO VIGILANTE (TAMPA, FLORIDA, EE. UU.)

mis villanos favoritos

Sí, sí, mucho superhéroe guapito, fuertote y con leotardos, pero los personajes que más molan siempre han sido los malos. Aquí os traemos diez piezas de auténtico cuidado.

stewie griffin

Estamos hablando de una persona que mientras se encontraba "recluida" en el útero de su madre ya conspiraba para hacerse con el mundo... y que antes de salir de este dejó una bomba de relojería dentro. El mayor problema del que adolece Stewie a la hora de lograr la dominación mundial viene siendo el de su edad. Sus menos de dos años le sitúan lejos de las posiciones de poder, y su gran intelecto acostumbra a verse condicionado por impulsos infantiles. De todas formas... dadle tiempo... llegará la era de Stewie Griffin.

hank scorpio

Hank es el mejor jefe que un esbirro puede tener: atento con las pagas, considerado con los turnos, te deja ausentarte del curro...

cerebro

Y es que no hay noche en que esta rata de laboratorio, junto a su compinche Pinky, no traten de hacerse con el control del globo.

el doctor muerte

El doctor Victor Von Muerte, quiere conquistar el mundo por ser feo, deforme, y estar como una puta chota. ¿Hacen falta más razones?

venger

¡Venger sí era un Señor Oscuro cojonudo! Con líos familiares que llegarían al clímax cuando se descubriese que el Amo del Calabozo era su padre.

doctor maligno

Ya lo dijo Scott: «Mi padre es maligno y quiere dominar el mundo». El doctor (no se tiró seis años en la facultad de Medicina Maligna para que ahora le llamen "señor") Maligno es uno de esos tipos feos como cuernos que ven en conquistar el mundo su única ilusión. Es cierto que sus planes siempre se han visto frustrados por el misterioso agente secreto internacional Austin Powers, pero el sentimiento, ¡el sentimiento es lo que cuenta! Y Maligno anhela conquistar el mundo desde su maligno pensamiento y su maligno corazón.

sauron

El Señor Oscuro no es más que un triste ojo en el tejado de una torre hasta que encuentre el Anillo Único. Eso sí, el día que lo pille...

thanos

Es revivido por la Muerte (capaz de restituir las cosas a su estado anterior) con el fin de restaurar el equilibrio del cosmos.

lex luthor

Lex Luthor es un malvado ricachón mafiosete que encuentra en Supermán la horma de su zapato. El Jesús Gil de Metrópolis.

lo pan

Un ser maldito desde hace 500 años y que solo rejuvenecerá en nuestra dimensión si se casa con una chica de ojos verdes.

supervillanos de risa

He aquí los diez supervillanos más ridículos y absurdos de la historia de los cómics. Peores aún que Ringer, el tipo que disparaba anillos. Y más ridículos que Rainbow Rider, el supermalo que podía lanzar arco iris y andar sobre ellos.

exterminador de tontos

El primer Exterminador de Tontos duró dos cómics del Hombre-Cosa. Se trataba de un loco fanático religioso que empezó a asesinar a todos los que no seguían la doctrina de Dios con su pistola purificadora (tal cual). El segundo Exterminador conoció al primero en la cárcel y, vestido con un traje ridículo, se decidió a matar, simplemente, a aquellos que consideraba "tontos". Particularmente recordada es su lucha contra Spiderman, en la que estuvo a punto de pegarse un tiro después de considerarse tonto a sí mismo al perseguir al Trepamuros. El tercer Exterminador de Tontos era más serio, acabando así con la racha de personajes risibles. Una pena.

hombre silla

El Hombre Silla debutó en una página de publicidad de Marvel con el impresionante poder de poder convertir a cualquiera en una... silla.

rana saltarina

Un tipo que nunca había creado nada con éxito, creó los muelles con los que se impulsa Rana Saltarina. Y de ahí a la maldad, un paso.

el canguro

El Canguro es un tipo que... puede saltar muy alto, aunque no tanto como otros criminales de poca monta como El Sapo. Así de triste.

armless tiger man

Hertz, que ese es su nombre real, se dejó sus brazos en una máquina en Alemania, por lo que aprendió a usar sus dientes y sus pies.

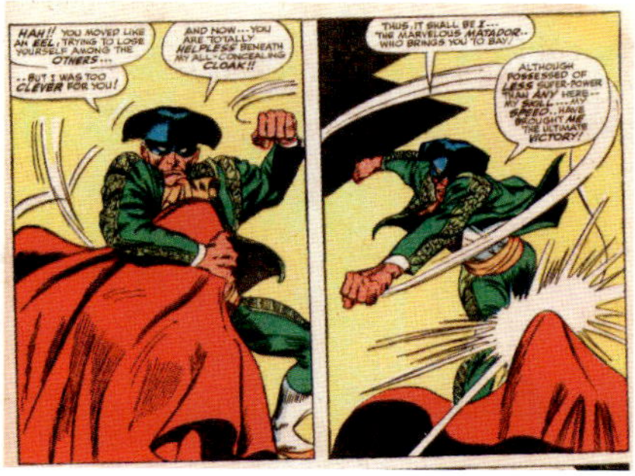

matador

Un día Stan Lee se preguntó «¿Por qué no tenemos personajes españoles en Marvel?». Y dicho y hecho, creó al Matador, de nombre original Manuel Elogante, un torero cuya crueldad hizo que el público le odiara. Juró odio hacia la humanidad después de que un toro le atropellara (¿y por qué no contra los toros? tendría más sentido), y, armado con un traje de torero, empezó a cometer robos hasta que se enfrentó a Daredevil, al que venció. Leed bien: **Matador venció a Daredevil**. Por supuesto, no volvió a hacerlo y, con el tiempo, se convirtió en un tipo ridículo. Ahora está retirado por el bien de su imagen pública.

el hombre tortuga

El Hombre Tortuga basa sus peleas en hacer movimientos muy lentos y con técnicas basadas en ir mucho más lento que el contrincante.

egg fu

Atentos al concepto: un agente comunista chino con la forma de un huevo. Pero un huevo del tamaño de un bloque de edificios.

capitán boomerang

Fred, jugador de béisbol, fue expulsado de la liga por aceptar sobornos, lo que le convirtió en criminal armado con boomerangs mortales.

el zancudo

Un día, Wilbur Day robó los planos de unos zancos hidraúlicos para hacerse una armadura y empezar a cometer crímenes.

6 Juegos

¿CREES QUE LA INFANCIA ES DEMASIADO CORTA?

Cuando tus historias de Playmobil vs Transformers al asalto del castillo de Grayskull empezaban a tener posibilidad de conseguir un Oscar al mejor guion adaptado, ¿dejaste de jugar con ellos? ¿Quieres que los demás adultos no te juzguen por tener muñecos, naves y juegos varios, sino que además te envidien? Sé friki, amigo mío. En todo friki vive un niño que no crecerá jamás. Un niño que hace que a Peter Pan lo llamen de usted. ¿Y hay algo mejor en el mundo de un niño que los juegos?

juegos de mesa

Cartas, fichas, tablero, dados, miniaturas... un sinfín de posibilidades que alimentaron, y alimentan, nuestra imaginación. Los más afortunados aún guardan estas reliquias como un preciado tesoro, los menos odian a algún primo pequeño o vecino al que fueron donados sus queridísimos juegos por obligación materna y soportaron estoicamente, abanderados en el odio más profundo, cómo se deterioraban en sus inexpertas e indignas manos hasta quedar destrozados (aún me despierto por las noches entre sudores y gritos al recordar mi platillo volante de los Playmobil roto y esparcido por la habitación del pedazo de &@#%·"!! de mi primo...). Los juegos de mesa, como iba diciendo... Empecemos por los "Señores del Remake". Sí, "remake", ¡¡¿¿pensabas que eso es cosa de ahora, que han inventado los guionistas y productores de Hollywood faltos de ideas??!! , no amigos, aunque posiblemente muchos de ellos trabajaban antes en CEFA. Si conoces esta mágica marca estás sintiéndote un poco viejuno. Cierto es que antes ya había juegos de mesa pero es en los años ochenta cuando llegan los éxitos rotundos como Naranjito, Mecano, V y sus lagartos y, como he dicho, CEFA. Cada uno en su campo, claro está.

en busca del imperio cobra

Esperad un momento que me recomponga de la emoción. El Imperio ha vuelto y el secreto de su inmenso poder es el Ojo Mágico que, evidentemente estaba pero que muy vigiladísimo por los Hombres-Cobra. Los jugadores debían superar tres pruebas que determinaba el Oráculo, pudiendo enfrentarte a ciudades encantadas, animales prehistóricos y fuerzas sobrenaturales en general. Eso sí, los dioses ayudaban a conseguir armas, amuletos u objetos mágicos que en realidad usabas más para fardar delante de tus amigos que en el combate. Así de miserables somos, lo sabéis. Esta maravilla tuvo tanto éxito que sacaron varias secuelas.

ESTOS ERAN LOS POBRES DETECTIVES PLURIEM-PLEADOS DEL "MISTERIO"

misterio

...O el Remake de Cluedo. Pero como "el Coronel Mostaza, con el candelabro en el vestíbulo" queda un poco hipster, y en los ochenta no habían salido del armario, aunque haberlos los había, pues nada, fichamos a Drácula, el Hombre Lobo, Frankenstein y colegas y los ponemos a liarla por un castillo. Aquí el jugador tenía que encontrar tres claves, "Mis" que era el asesino, "Te" las víctimas y "Rio" el lugar donde ocurrió. Otra de las diferencias con Cluedo era la carta "La bruja de Salem", que te permitía ver una carta al comienzo para una partida más rápida. Las fichas para jugar eran detectives de colores, me parece que también trabajaban en otro juego mítico, cosas de las crisis que también había en aquella época.

plutonio alerta roja

Todo el mundo lo llamaba "Alerta Roja" porque con el tiempo que ahorras en decir "Plutonio" podías hacerte un bocadillo de mortadela de esa rosa radiactiva, que va mucho con el juego. Aquí es donde también trabajan los detectives de "Misterio" echando horas extras, pues "Franky" y sus amigos tiraban un cubo radiactivo a las alcantarillas de Transilvania para tenerlos distraídos y poder matar a gusto. La idea era encontrar el bidón por las alcantarillas y neutralizarlo antes de que explotara. Para este noble cometido tenías que moverte en coche, barca o submarino. Sí, submarino, imaginaos la cara del alcalde de la ciudad cuando el arquitecto le presentó los planos de las alcantarillas para poder moverte en submarino. ¡Pues lo consiguió el tío!

drácula

Otro de los remakes caseros de CEFA. ¿Conocéis el "Estratego"? Pues yo tardé, y hasta tal punto de que cuando lo descubrí pensé que era un plagio del maravilloso y "original" Drácula. Bendita inocencia de un niño de los ochenta. En él se enfrentaban vampiros nocturnos y diurnos. ¿Y los diurnos no se quemaban por el sol? ¿Para qué? Da igual. ¡Estamos en los locos ochenta, aquí todo vale! A este no jugué mucho porque era de mis hermanas mayores, y aunque ellas tampoco sabían jugar, lo disimulaban con gestos apasionados y muecas fingidas de diversión inexistente. Ay... cómo las odiaba.

la ruta del tesoro

Nuevo plagi... remake de un conocido juego en el que hay calles y tienes que comprar casas y finalmente hoteles, pero este molaba mucho más. Primero, porque en lugar de billetes había doblones de oro, y segundo porque eran puertos del mundo, ¿quién quiere darse una vuelta por la ciudad comprando casas, cuando puede navegar por el mundo haciéndose con los puertos más importantes? "Un gran pirata soy...". Eso sí, para ser un juego patrio el detalle de poner a "Las Baleares" como las islas más baratas no gustó demasiado. Será que aún no había pegado el boom de las fiestas ibicencas.

distrito 21

Otro clásico. Esta vez nos vamos a Chicago en los años veinte con un tablero que simulaba las calles de la ciudad. Era más como un ajedrez (para los que no sabían jugar al ajedrez) entre policías y mafiosos. Divididos en tres figuras, dependiendo del bando eras los policías o pistoleros, detectives o guardaespaldas, y comisario o capo. Un detalle curioso es el dibujo a los lados del tablero, un puro encendido y una pipa. Ay... qué tiempos aquellos cuando los niños podíamos fumar pasivamente.

atmosfear

"¡Mamá, el señor de la tele me está insultando!". En los primeros años noventa la tecnología le estaba comiendo el terreno a los juegos de mesa. "Juntemos las dos cosas", dijo alguien quién sabe dónde, "subid el volumen bajad, las luces...". "¡¡Ni de coña!!, y menos si viene del televisor", hubiera sido la respuesta correcta, más aún recordado Poltergeist, pero claro, eran los noventa y estábamos envalentonados: que si el Black Album de Metallica, que si el grunge y sus camisas de leñador, que si los pantalones de McHammer, que si vemos los videoclips de las SpiceGirls a escondidas (esto sí era peligroso si te pillaban)... Total, venga, jugamos. "¡¡Sí, mi Gatekeeper!!". Cualquiera le dice que no, aunque hubiese ganado más con otras palabras, no sé: "Por favor, ¿sí? ¿Hola? ¿Me atienden un momento? Gracias, mirad quería proponeros, si no es mucha molestia, que hicieseis una serie de pruebas...". Educación cero: gritos, truenos para asustar, insultos y, claro, con esa cara va a ser peor no obedecer, que mi madre con una cara mucho más tranquila no veas la que me daba. Este juego, que se llamó al principio Nightmare ("Pesadilla", para los que como yo fueron de francés en el colegio) llego un par de años más tarde con el nombre que llevaría en Europa, Atmosfear un juego de palabras entre "atmosfera" y "miedo" sencillamente genial. Y es que, amiguitos y amiguitas, entre las fichas que eran tumbas con los nombres de sus personajes (Anne de Chantraine la bruja, Barón Samedi el zombi, Khufu la momia, Gevaudan el hombre-lobo, la condesa Elisabeth Bathory la vampira, o Helli el poltergeist), los malditos agujeros negro que hacían perder el turno y el tablero dibujado como un cementerio, el subidón era tremendo para encontrar las seis llaves y llegar en el último segundo a la casilla central y coger unos de las pesadillas que previamente habíamos escrito rezando a todos los dioses conocidos para que no fuera la propia. Agobiante es la palabra perfecta para definir uno de los juegos que más risas y diversión nos ha dado, entre otras cosas por ver humillados a tus amigos, que eso siempre gusta.

EL MÍTICO Y "SIMPÁTICO" GATEKEEPER DE "ATMOSFEAR"

heroquest

Alabado sea, me he duchado dos veces, llevo un día en ayuno y tres sin sexo para sentirme puro (aunque lo último no ha sido decisión mía) y hablar de EL JUEGO. “Existe un mundo, el mundo de HeroQuest. Encuentra en él bárbaros guerreros, misteriosos espíritus, evita trampas, encuentra tesoros, descubre las puertas secretas de tu enemigos, ¡¡enfréntate a ellos y lanza los dados!! Monstruos, brujos y demonios te persiguen, la lucha será un infierno...”. Estas eran las embaucadoras palabras que salían en el anuncio de TV, y por el Libro de Retos os aseguro que tenían algún tipo de hechizo del que aún no hemos despertado. ¿Quién, decidme, quién de vosotros no fue el niño más bueno del planeta con tal de engañar a los Reyes Magos o Papa Noel, da igual vuestro credo, y conseguirlo?

Cuatro héroes: Bárbaro, Mago, Enano y Troll... digo Elfo. Infinidad de orcos, goblins, fimir (que siempre me ha dado la sensación que a algún orco se le fue la despedida de soltero de las manos cuando salió un alien de la tarta) esqueletos, momias, zombis, guerreros del Caos... qué delicia matarlos. El premio del “pluriempleado del mes” era para el Brujo del Caos, que seguramente era de la misma academia que los detectives del Misterio-Alerta Roja o quizá tenía que pasar la manutención a sus hijos con la ex señora de Caos, ya que lo mismo hacía de prisionero, que de lugarteniente, que trabajaba en Ikea montando los muebles de las salas. Y esa impresionante y temible Gárgola que, la verdad, muy lista no era, ya que siempre estaba en la habitación central... exigencias del guion supongo. Creo que este juego nos ha hecho vivir aventuras muy parecidas. Y no me refiero a las que venían en los libros de retos sino, por ejemplo, a ese amigo-compañero cabrón que daba igual con qué personaje jugara, siempre era un ladrón. Después de los combates el muy maldito era quien pillaba primero los tesoros, él y solo él cogía el mazo de cartas de equipo para comprar en primer lugar, o el típico que, tras una lucha encarnizada contra mil enemigos, llega y le da el golpe de gracia y se tira toda la tarde fardado. Eso quizás sí le faltaba a HeroQuest, poder matar a los compañeros de vez en cuando. Podemos escribir líneas y líneas contando mil anécdotas pero, quizá, sea mejor que cada uno repase su memoria con esa media sonrisa que, inconscientemente, nos hace viajar en el tiempo, concretamente unos 25 años.

cruzada estelar

Ambientado en el universo Warhammer 40000, Cruzada Estelar salió un año después que HeroQuest. También se trataba de una campaña de 12 misiones, dos menos que HQ, en la que participaban de dos a cuatro jugadores. Uno de ellos era el Jugador Alien, como el Malvado Brujo, y los demás un escuadrón de marines espaciales, Ultramarines, Puños Imperiales y Ángeles Sangrientos. Ya con los nombrecitos te flipabas un poco, la verdad. El malvado Jugador Alien, normalmente el dueño del juego, jugaba con nuestras ilusiones cuando al grito desgarrador de "¡¡¡Victoriaaaa!!!" en una montaña de cadáveres destrozados de goblins y orcos espaciales, nuestros soldados, heridos pero de pie, hacían enorgullecernos y volaban las miradas, y pataditas debajo de la mesa, con maliciosas sonrisas al Jugador Alien, "te hemos dado bien por el tubo de propulsión!!". "¿No tienes nada más fuerte?, empiezo a aburrirme..." decía el bocazas del grupo, normalmente yo mismo. Pero cuando la cosa iba avanzando te daban hostias de realidad y tus marines caían como moscas ante la vengativa mirada del JA mientras sus Necrón y Robagenes nos daban guantadas con la mano abierta y nos obligaban a mirar las fotos de sus colegas orcos y goblins masacrados con anterioridad...Y era entonces cuando salían las socorridas frases que todos hemos usado a modo de llanto: "Eso no viene en el libro, ¡¡¡te estás inventando más bichos de los que son!!!" Lo cual solía ser cierto.

Los Marines del Caos eran duros y eso quería decir que algo bueno había de premio pero, cuando la cosa se ponía más que seria y sudaban hasta los muñecos de plástico, era cuando entraba en acción el Dreadnought (que me recordaba al robot policial de Robocop, ese que era bípedo, tenía dos gatlings en lugar de brazos y un micrófono de los antiguos de cabeza). Aquí frases como "ve tú primero que estoy pensando la estrategia" o "voy corriendo en dirección contraria para sorprenderlo por detrás", eran habituales. Un grandísimo juego al que habrá que jugar de nuevo y perder viejas amistades.

cartas

magic: the gathering

Las partidas representan batallas entre Magos a través de conjuros, artefactos, seres fantásticos etc. En Magic hay cinco colores; blanco, azul, negro, rojo y verde, cada uno un "estilo de magia". Las cartas llegaban a costar una pasta ya fuese por su escasez, por su potencia en el juego o por ser de culto. Hay en el mundo más de seis millones de jugadores, por algo será.

satm

En 1995 podías ser un Istari (magos enviados a la Tierra Media) Gandalf, Saruman, Radagast, Alatar y Palando. En este juego se pretende que los Magos cumplan con su misión de inspirar a los Pueblos Libres. Esta era la forma original del juego con sobres negros que se conocía como "Los Magos". Después salieron expansiones de "Los Dragones", de sobres rojos, "Servidores de la Oscuridad", de sobres morados, "La Mano Blanca", sobres blancos, y "The Balrog".

juegos de rol

"...Y puedes hacer lo que quieras!! No tienes que seguir las reglas como en HeroQuest, en BattleTech o el parchís... Alguien hace de "Master" y se inventa situaciones o tramas y dirige a los "PNJs" o a las rocas y los ríos, o los animales o a los enemigos... Esta, amiguitos, fue la explicación que mi querido amigo me dio para introducirme en los juegos de rol. Le dije que sí, avisé a su madre de su posible consumo de sustancias psicotrópicas y me encerré en mi habitación con una Biblia y un rosario (y por Biblia me refiero a un especial de la revista Heavy Metal y por rosario a otro de la revista Private). Sin embargo, cuando jugué mi primera partida (éramos 14 adolescentes y un máster) y vi cómo los minotauros querían sacrificar a uno de los centauros mientras un par de medianos cazaban conejos para alimentar de sangre a sus dagas mágicas-demoníacas... me decidí a estudiar una carrera y dejar a esa panda de tarados. Al final no hice ni una cosa ni otra y, leyendo un libro naranja con más "tablas" que la valla del campo de Oliver y Benji, empezó una relación de amor verdadero, como en La princesa prometida...

dungeons & dragons, "la caja roja"

Este fue para muchos, su primer juego de rol. Yo no me enteré de esto hasta unos años después. Así que me contentaba con los dibujos animados: "Dragooones y Mazmooorras, un mundo infernal...". El padre de los juegos de rol, el gran Gary Gygax, editó su primera publicación en 1971 con el libreto "Chainmail", cota de malla. La historia de este juego, el más conocido y jugado de la historia del rol, da para un libro entero.

EL LIBRETO "CHAINMAIL", DE GARY GYGAX (1973), PASA POR SER EL PRIMER JUEGO DE ROL DE LA HISTORIA; "DRAGONES Y MAZMORRAS" ES SIN DUDA EL ROL MÁS FAMOSO DE TODOS LOS TIEMPOS

runequest

En este juego podías llevar un pato. Sí, un jodido pato. Tenían hasta nombre científico: Anatanthropos Donaldi (sí, de Donald).

merp el señor de los anillos

Esta fue la entrada al universo Tolkien para muchos, aún sin enterarse bien de qué iba el tema. Hoy es objeto de colección.

la llamada de cthulhu

La mayor, diferencia con los otros juegos eran los monstruos a los que debíamos enfrentarnos. No había forma humana de describir las criaturas que nos iban a matar en breve, o a volver locos. Como si una enorme ensalada de algo con tentáculos, cobrara vida y quisiera vengar tanto agravio vegetariano. Es lo que tiene el universo Lovecraft.

El refranero del Máster

A quien madruga... el Máster lo manda a por ganchitos
Hasta el 40 de Mirtul no te desabrigues el Faerûn
Si Mahoma no va a la montaña....Earth Law lvl 50
Quien a buen árbol se arrima....+20 por cobertura
El Munchkin del hortelano ni juega ni deja jugar
Éramos pocos y Wizards sacó la Quinta edición
Sabe más Cthulu por viejo que por primigenio
Dungeon con dos trampas malo es de guardar
Más vale éxito en mano que críticos volando
Cuando seas Máster comerás huevos
Tirar la piedra y despertar al Balrog
Quien quiera PX que se moje el culo
A falta de minis, buenos son tokens
A falta de pan, buenas son lembas
O jugamos todos, o la Elfa al río
Lo +3 no quita lo valiente

paranoia

Imagina un mundo diseñado entre Kafka, Stalin, McCarthy, Orwell, Huxley, Sartre y los hermanos Marx... Pues aquí lo tienes.

vampiro: la mascarada

Un gran juego que se puso muy pesado ya que su increíble éxito hizo que sacaran mil razas que hacían que ser humano era lo extraño.

cyberpunk 2020

Los coches vuelan, hay colonias espaciales, todos llevamos implantes y los "Netrunners" navegan por un universo paralelo en la Red.

aquelarre

El decano de los juegos de rol en España describe cómo las gentes de la baja Edad Media luchan a su manera contra los vástagos de Lucifer.

videojuegos 7

LA VIVA IMAGEN DE LA FELICIDAD EN 1985

SCORE<1> HI-SCO
0000 0000

Horas y horas de diversión y entretenimiento nos han aportado, nos aportan y nos aportarán los videojuegos. Tras cada juego hay personas que con ilusión y esfuerzo y tras meses de trabajo consiguen títulos originales y siempre sorprendentes, ya sea para bien o para mal. Yo no puedo imaginar un mundo sin videojuegos, ¿y tú?

3 CREDIT 00

leyendas urbanas
de videojuegos

polybius, el arcade maldito

¿Leyenda o realidad? La historia de Polybius es la más fascinante de cuantas ha dado el mundo de los videojuegos. Y todo por una simple "coin-up" que apareció y desapareció rápidamente en un suburbio de Portland (Oregón, EE. UU.), de la cual solo nos ha quedado un legado de relatos de jugadores que se vieron afectados por el experimento. Sí, habéis leído bien... EXPERIMENTO, supuestamente llevado a cabo por el Gobierno de EE. UU. en plena Guerra Fría.

En 1981 son instaladas máquinas de Polybius en Portland. Los relatos de los que la jugaron hablaban de combinaciones de luces y gráficos estroboscópicos tan alucinantes con resultado de mareos, convulsiones, vómitos, pérdidas de memoria, alucinaciones auditivas y ópticas, amnesias, ataques epilépticos y pesadillas nocturnas. Al principio la máquina generaba una adicción inusitada, para luego provocar aversión y odio visceral a los videojuegos. Se tiene conocimiento de la muerte tras un ataque epiléptico de un jugador, lo que habría motivado la inmediata retirada de la máquina. A día de hoy es imposible localizar un solo ejemplar.

Los relatos de los jugadores hablaban de gráficos vectoriales similares al Tempest de Atari mezclados con gráficos alucinógenos y mensajes subliminales, así como elementos de juego tipo puzzle. La nave no se movía, tan solo se desplazaba en horizontal; sí lo hacía la pantalla, a la que se haría girar con un único mando. Esto último haría de Polybius una máquina absolutamente revolucionaria para la época. También se hablaba de sonidos sintetizados muy diferentes a todo lo que había en esa época en máquinas arcade. Supuestamente la máquina era fabricada por una empresa llamada Sinneslöschen (sobre una cabina de tipo Midway), y fue programada por un tal Ed Rottberg. Los rumores hablan de esta empresa como una forma de camuflar los proyectos secretos que hacía Atari para el gobierno de Estados Unidos.

El interés suscitado por la historia del Polybius provocó que un grupo de programadores, basándose en la información recopilada a lo largo de los años, se decidiese a reconstruir el juego de la polémica. Y así, desde hace unos años se puede encontrar en internet una reconstrucción supuestamente idéntica al original: Polybius V6.1.

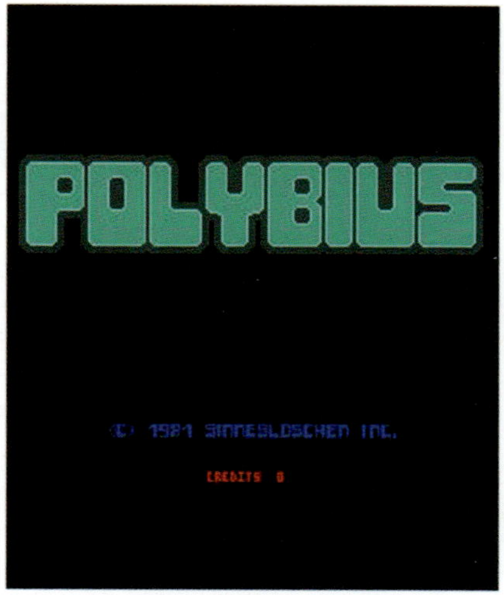

LA MAQUINITA TUVO SU MOMENTO DE GLORIA EN UNA PARÓDICA APARICIÓN EN EL EPISODIO 18-03 DE "LOS SIMPSON": LA ARCADE "POLYBIUS" VIENE ACOMPAÑADA DE UN SUGERENTE CARTEL IMPRESO QUE ADVIERTE DE LA PERTENENCIA DE LA MISMA AL GOBIERNO DE LOS ESTADOS UNIDOS...

la verdadera historia de pac-man

Todos conocemos Pac-Man, el comecocos del clásico videojuego, pero ¿sabes que existe una historia oscura sobre el circulito amarillo y sus perseguidores? En 1976, el cosmonauta soviético Nikolai Peckmann fue enviado en una misión de un solo hombre a una estación espacial llamada "Mission Six" para estudiar los niveles de radiación y las extrañas circunstancias que habían provocado la misteriosa muerte a los cuatro miembros de la tripulación de una misión anterior. Y dicho y hecho, Nikolai al espacio.

Al tercer día, las transmisiones de Peckmann llegaban al centro de control en la Tierra con evidentes muestras de paranoia y delirios. El cosmonauta aseguraba que los espíritus de los astronautas muertos le perseguían y que se veía obligado a huir constantemente. Gritaba que si pudiera capturar estos espíritus mientras tuviese energía, podría alcanzar el siguiente nivel de conciencia... los delirios de un grillado. Un vídeo recuperado después mostraba a Peckmann corriendo alrededor de la estación sin salida, con la forma de un laberinto, consumiendo sedantes de emergencia como un loco y haciendo una breve pausa de cuando en cuando en una esquina para seguir consumiendo píldoras vitamínicas para perseguir a sus demonios invisibles. Tras consumir las provisiones enteras de vitaminas, píldoras y fruta fresca mucho antes de tiempo, no había forma de que otra tripulación pudiera ser enviada para rescatarlo de morir de inanición. Después de una entrecortada transmisión, la estática se fue desvaneciendo para mostrar la última imagen grabada: el traje espacial de Peckmann vacío, tirado en el piso de la cabina. Se decidió entonces que enviar otra misión para recuperar sus restos sería un desperdicio de dinero, por lo que la estación fue lanzada fuera de la órbita al espacio, con el objetivo de olvidar un fracaso y no ser mencionado nunca jamás. Además, se ordenó que todo vídeo y evidencia en papel fuera destruida.

En el inicio de los años ochenta una compañía de videojuegos llamada NAMCO se encontró con la transcripción de este evento y el resto, como todos sabemos, ya es historia, y creerla o no solo depende de ti, jejejejeje...

LANZADA EL 21 DE MAYO DE 1980, "PAC-MAN" SE CONVIRTIÓ EN UN FENÓMENO DE MASAS, LLEGANDO A DESBANCAR A "SPACE INVADERS" DEL LIDERATO MUNDIAL

el videojuego de e.t., una leyenda desenterrada

¿Conocías la historia de que Atari enterró toneladas de videojuegos de E.T. en el desierto de Nuevo México (EE. UU.) en 1983? La leyenda urbana acerca del videojuego basado en la película de Steven Spielberg, que condujo a la compañía Atari a una de sus crisis más profundas, se confirmó tras un letargo de más de 30 años enterrada bajo toneladas de tierra, gracias a una reciente excavación realizada con ese objetivo: desterrar para siempre esa leyenda. Y lo consiguieron. Por cierto, que junto a los cartuchos del juego E.T. se han encontrado otras tantas unidades de Centipede y Missile Command, mitos del mundo del arcade, pero que también fracasaron en su versión para la Atari 2600. Se despejo así una de las grandes leyendas urbanas surgidas tras la publicación de este videojuego de lamentable recuerdo para los poseedores de una Atari 2600.

El protagomista de esta historia no pudo resistirse a perderse este momento historico y posar para las fotos. ¡La leyenda urbana era totalmente cierta! Un equipo de excavadores encontraron una “tumba” en la que reposaban los “restos” del videojuego más horrendo de la historia: E.T. the Extra-Terrestrial. Microsoft ayudó en la excavación. En 1982, debido a la fiebre causada por la icónica película E.T., Atari lanzó al mercado un videojuego supuestamente inspirado en la historia del extraterrestre más famoso de todos los tiempos. Desarrollado por Atari Inc., el videojuego de E.T. tuvo apenas cuatro semanas para ser desarrollado, ya que las partes interesadas en hacer dinero con el juego gastaron mucho tiempo definiendo los derechos comerciales. El equipo desarrollador no pudo hacer mucho, y para la temporada navideña de 1982 salió a la venta el juego más terrible jamás comercializado, un descalabro financiero que persiguió a Atari y que, sin duda, pasó a la historia como el ejemplo perfecto de lo que es un juego totalmente aborrecible. Atari esperaba hacer montañas de dinero con E.T. the Extra-Terrestrial, pero fue un videojuego tan terrible que la gran mayoría de los compradores lo devolvieron, y de hecho tan solo una pequeña porción de las copias pudo ser vendida. Sin saber qué hacer con el gran número de cartuchos sin vender, Atari decidió tomar todas las copias del juego en su haber, irse al desierto de Nuevo México y enterrar todo, de tal manera que nunca nadie encontrara los pálidos recuerdos de un fracaso colosal... ¡pero se equivocaron! Un equipo de excavadores encontró la fosa en la que yacían las copias del videojuego, cuya búsqueda había comenzado cuando en 2013 las autoridades de Alamogordo autorizaron la exploración y excavación de una zona deshabitada en el desierto de Nuevo México.

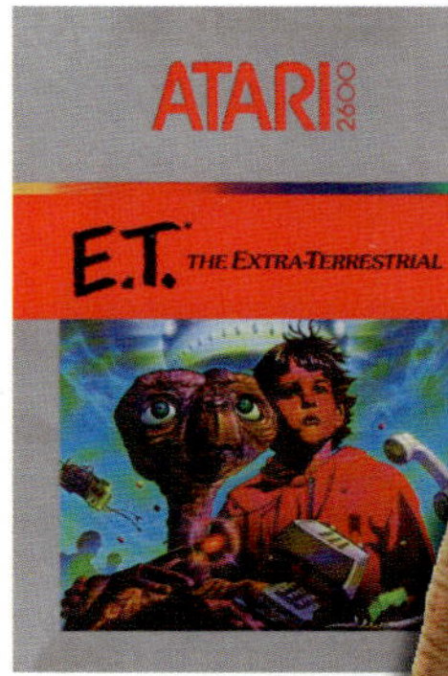

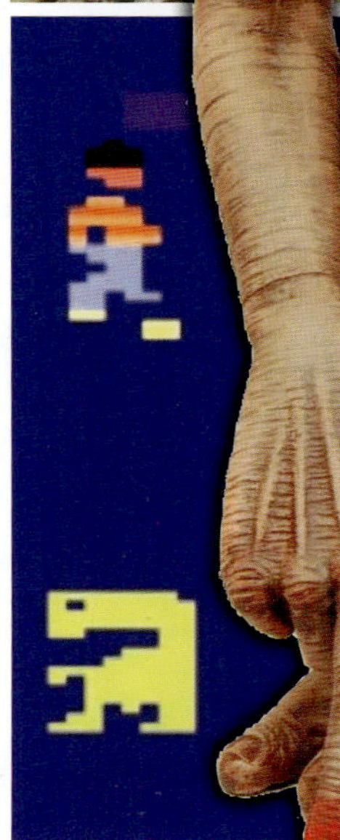

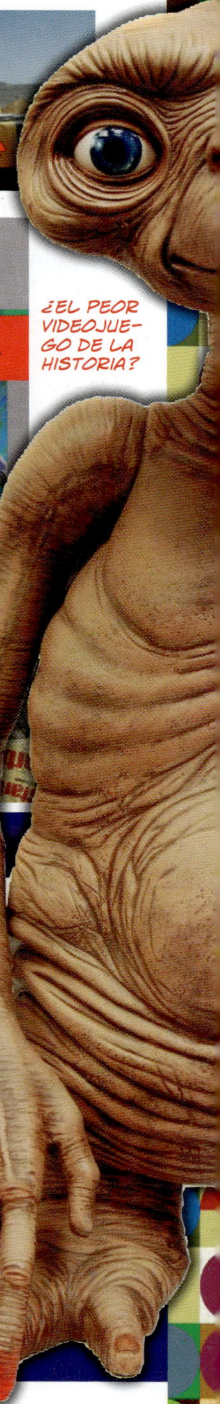

¿EL PEOR VIDEOJUEGO DE LA HISTORIA?

1972

LA MAGNAVOX ODYSSEY FUE LA CONSOLA PIONERA, CREADA POR RALPH BAER.

1976

LA FAIRCHILD CHANNEL F FUE LA PRIMERA CONSOLA CON MICROPROCESADOR.

1976

LA RCA STUDIO II NO TENÍA MANDOS, SINO DOS TECLADOS INTEGRADOS.

1977

LA ATARI 2600 FUE UN ÉXITO DE VENTAS QUE IMPULSÓ A ATARI A LA FAMA.

1977

LA BALLY HOME LIBRARY COMPUTER TUVO LA MALA SUERTE DE COMPETIR CON LA ATARI 2600.

1978

LA MAGNAVOX ODYSSEY 2.0, TAMBIÉN CONOCIDA COMO VIDEOPAC G7000, FUE LA SUCESORA DE LA MÍTICA ODYSSEY.

1979

LA APF IMAGINATION MACHINE COMBINABA EN UN SOLO APARATO UNA CONSOLA Y UN REPRODUCTOR DE VÍDEO.

1979

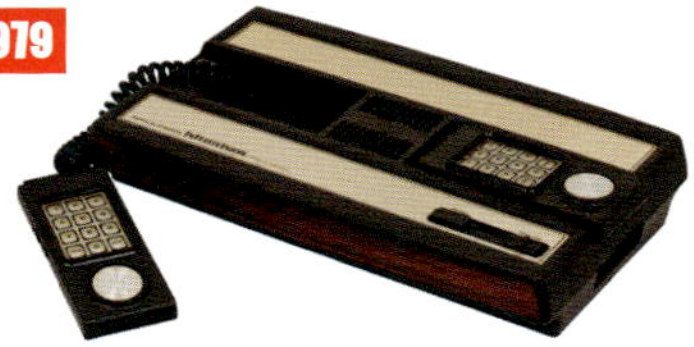

LA INTELLIVISION MATTEL FUE LA PRIMERA COMPETIDORA "SERIA" DE ATARI.

1980

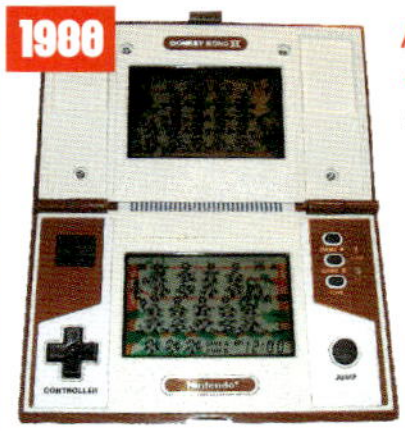

NINTENDO GAME & WATCH: EL MUNDO SE INDUNDÓ CON 59 PEQUEÑAS VIDEOCONSOLAS CON MITOS COMO "DONKEY KONG", "MARIO BROS" O "THE LEGEND OF ZELDA"

1982

LA COLECOVISION OFRECÍA JUEGOS DE CALIDAD ARCADE PARA SU TIEMPO.

consolas

Si pensabas que las consolas son solo productos de Nintendo, Sony y Microsoft, te falta un mundo de estaciones de juego por conocer. En las siguientes páginas te detallamos las consolas de videojuegos más populares de los últimos 40 años y también las pertenecientes al mundo underground.

1982

EL SINCLAIR ZX SPECTRUM FUE EL PRIMER ORDENADOR PERSONAL PARA MILLONES DE JÓVENES.

1982

COMMODORE 64, SUPERIOR TECNOLÓGICAMENTE A SUS CONTEMPORÁNEOS.

1982

LA ATARI 5200 NO TUVO TANTO ÉXITO COMO LA 2600 A PESAR DE SER UNA MÁQUINA MARAVILLOSA PARA LA ÉPOCA, CON GRÁFICOS MEJORADOS Y PROCESADOR DE 8 BITS.

1982

LA ARCADIA 2001 SE PODÍA ENCHUFAR AL COCHE... PERO HACÍA FALTA UNA TELE.

1982

LA VECTREX TENÍA LA PANTALLA INTEGRADADA... AUNQUE ERA EN B/N.

1983

LA NINTENDO ENTERTAINMENT SYSTEM (NES), EL MAYOR MITO JUNTO A ATARI.

1984

EL AMSTRAD CPC 464 COMPETÍA CON EL ZX SPECTRUM Y EL COMMODORE 64.

1985

LA HALCYON DE RDI FUNCIONABA CON LASERDISC, PERO APENAS SE VENDIÓ.

1985

LA SEGA MASTER SYSTEM FUE LA PRINCIPAL RIVAL DE LA NES DE NINTENDO.

1986

ATARI 7800: LA SUCESORA DE LA 5200 ES HOY EN DÍA UNA PIEZA DE COLECCIONISTA MUY DIFÍCIL DE CONSEGUIR.

1987

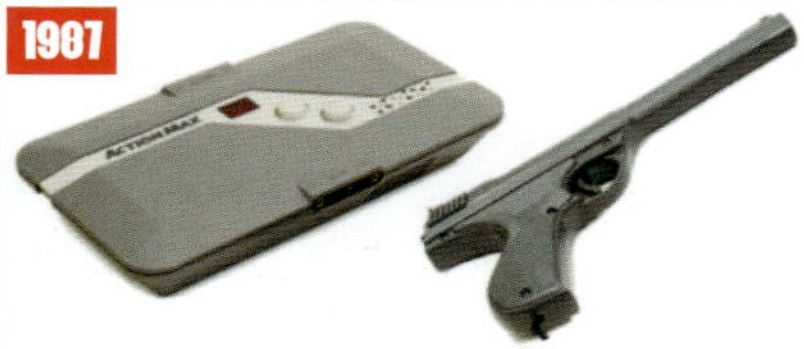

LA ACTION MAX FUNCIONABA ENCHUFADA A UN REPRODUCTOR DE VÍDEO VHS.

1987

LA ATARI XE VIDEO GAME SYSTEM PODÍA FUNCIONAR TAMBIÉN COMO ORDENADOR.

1987

LA PC ENGINE FUE LA PRIMERA CONSOLA DE 16 BITS DE LA HISTORIA, AL MENOS EN SUS GRÁFICOS.

1988

LA SEGA MEGA DRIVE ES LA PRIMERA GRAN CONSOLA DE 16 BITS.

1989

LA ATARI LYNX FUE LA PRIMERA PORTÁTIL EN COLOR, PERO ERA MUY CARA.

1990

LA NEO GEO ERA LA CONSOLA MÁS DESEADA DE LOS 90... Y LA MÁS CARA.

1990

LA SUPER NINTENDO ENTERTAINMENT SYSTEM (SNES) FUE OTRO BOOM.

1990

LA TURBOGRAFX FUE LA SUCESORA EN EUROPA DE LA PC ENGINE DEL 87.

1990

LA GAME BOY FUE OTRA REVOLUCIÓN DE NINTENDO, ESTA VEZ EN EL APARTADO PORTÁTIL. EN SU PRIMER AÑO VENDIÓ POCO, PERO LA LLEGADA DEL FENÓMENO "TETRIS" SUPUSO UN BOOM.

1991

LA GAME GEAR FUE LA INÚTIL RESPUESTA DE SEGA AL ÉXITO DE LA GAME BOY.

1991

LA PHILIPS CD-I ERA MÁS UN REPRODUCTOR MULTIMEDIA QUE UNA CONSOLA.

1992

LA TANDY'S MEMOREX VIS ERA UN REPRODUCTOR MULTIMEDIA CON JUEGOS.

1992

LA JVC VICTOR WONDERMEGA, "THE X-EYE" PARA LOS AMIGOS, ERA COMO UNA MEGA DRIVE CON CD.

1993

PIONEER LASERACTIVE, HÍBRIDO DE REPRODUCTOR LASERDISC Y VIDEOCONSOLA.

1993

LA AMIGA CD32 FUE LA PRIMERA DE 32 BITS CON CD-ROM VENDIDA EN EUROPA.

1993

LA 3DO INTERACTIVE MULTIPLAYER DE PANASONIC FUE UN ROTUNDO FRACASO.

1993

ATARI JAGUAR, UN FRACASO DE VENTAS A PESAR DE SER IMPRESIONANTE.

1994

LA SEGA SATURN NO PUDO NI POR ASOMO CON LA PLAYSTATION DE SONY.

1994

LA NEO GEO CD NUNCA FUE CAPAZ DE SUPERAR EL HÁNDICAP DE SU PRECIO.

1994

LA PLAYSTATION DE SONY FUE OTRO BOOM QUE SE IMPUSO CLARAMENTE EN LA LLAMADA "ERA DEL CD".

1994

LA PC-FX DE NEC SE COLOCABA EN VERTICAL COMO UN PC Y TENÍA HASTA TRES PUERTOS DE EXPANSIÓN.

1995

LA NINTENDO VIRTUAL BOY USABA UN PROYECTOR DE ESTILO GAFAS PARA MOSTRAR LOS JUEGOS EN "VERDADERO" 3D, AUNQUE MONOCROMÁTICO.

1995

LA PIPPIN FUE LA PRIMERA Y TÍMIDA INCURSIÓN DE APPLE EN LAS CONSOLAS.

1995

LA CASIO LOOPY ES LA ÚNICA DE LA HISTORIA EXCLUSIVA PARA MUJERES.

1996

LA NINTENDO 64 FRACASÓ PORQUE USABA CARTUCHOS EN PLENA ERA DEL CD.

1998

LA DREAMCAST ES LA ÚLTIMA CONSOLA DE SOBREMESA PRODUCIDA POR SEGA.

1998

LA GAME BOY COLOR SE LANZÓ DEPRISA Y CORRIENDO ANTE EL RETRASO DE LA GAME BOY ADVANCE. LE DABA UN TOQUE DE "COLOR" A LOS JUEGOS DE LA GAME BOY ORIGINAL.

2000

LA NUON PUEDE SER LA CONSOLA MÁS DESCONOCIDA DE LA HISTORIA.

2000

LA PLAYSTATION 2 ES LA CONSOLA MÁS VENDIDA DE LA HISTORIA.

2000

LA GAMECUBE FUE LA PRIMERA DE NINTENDO QUE UTILIZABA DISCOS.

2001

CON LA XBOX MICROSOFT ANUNCIABA SU INTENCIÓN DE ENTRAR EN EL SECTOR.

2001

LA GAME BOY ADVANCE LLEGÓ A TENER MÁS DE 1.700 JUEGOS EN CATÁLOGO.

2003

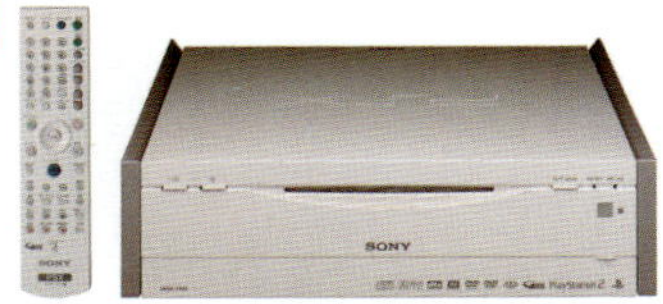

LA PLAYSTATION X ERA UN GRABADOR DE VÍDEO CON UNA PS2 INTEGRADA.

2004

LA XAVIXPORT TENÍA MUCHOS CONTROLES INALÁMBRICOS PARA DEPORTES.

2004

LA DISCOVER ERA UNA CONSOLA EN LA QUE RULABAN LOS JUEGOS PARA PC.

2005

LA XBOX 360 ES EL PRINCIPAL REFERENTE DE LAS CONSOLAS DE SÉPTIMA GENERACIÓN JUNTO A LA PLAYSTATION 3 DE SONY Y A LA WII DE NINTENDO.

2005

LA NINTENDO DS (DUAL SCREEN) LLEGÓ LLENA DE INNOVACIONES: DOBLE PANTALLA (UNA DE ELLAS TÁCTIL)...

2005

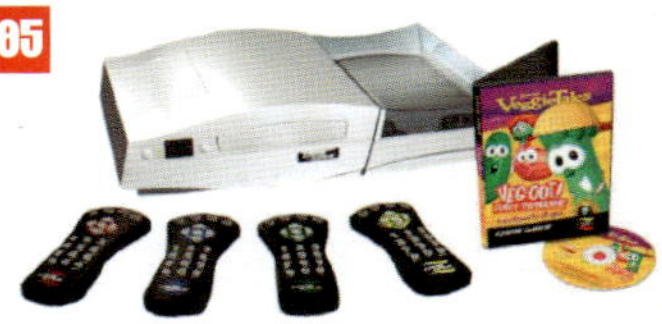

LA ZAPIT GAME WARE ES UN HÍBRIDO DE CONSOLA Y REPRODUCTOR DE DVD.

2005

LA PSP CAMBIÓ LA TENDENCIA EN EL TAMAÑO DE LAS CONSOLAS PORTÁTILES.

2006

LA NINTENDO WII REVOLUCIONÓ LA FORMA DE JUGAR CON SU MANDO INALÁMBRICO Y SU FILOSOFÍA, MÁS ENFOCADA A LAS FAMILIAS QUE SUS COMPETIDORES.

2006

LA PLAYSTATION 3 YA INCORPORABA UN REPRODUCTOR DE VÍDEO BLU-RAY.

2008

LA EVO SMART ESTABA BASADA EN LINUX Y TENÍA REFRIGERACIÓN LÍQUIDA.

2010

LA NINTENDO 3DS PROPORCIONA UNA EXPERIENCIA DE JUEGO EN 3D SIN NECESIDAD DE GAFAS.

2012

LA PLAYSTATION VITA, SUCESORA DE LA PSP, TIENE CONEXIÓN WI-FI Y 3G.

2012

LA WII U DE NINTENDO YA PRODUCE GRÁFICOS DE ALTA DEFINICIÓN DE 1080P.

2013

LA PLAYSTATION 4 ES LA APUESTA DE SONY PARA LA OCTAVA GENERACIÓN.

2013

LA XBOX ONE BASA PARTE DE SU FUERZA EN SU MANDO INALÁMBRICO KINECT.

los mejores videjuegos de ~~la~~ mi historia

La historia de las consolas está llena de grandes juegos, títulos que han sabido sacar el potencial de cada máquina, y que nos han llegado al corazón o nos han obsesionado, pero de los que tenemos un gran recuerdo. Estos son mis 10 favoritos, tú y tú y tú tendréis seguramente los vuestros...

viewtiful joe

Un videojuego único. Ambientado en el mundo del cine, teníamos diversas habilidades que ralentizaban el tiempo, lo aceleraban o hacían un zoom en pantalla. Todo lo necesario para combinar hits entre enemigos y sumar golpes con estilo. El humor que desprende el argumento y los personajes (con cierto toque autoparódico) el estilo visual "cel-shading" tipo cómic tan acertado, los magistrales toques finales en todos los sentidos y la elevadísima dificultad del juego hacían de Viewtiful Joe un título pensado para rejugarse una y otra vez. Todavía hoy.

lemmings

Un juego revolucionario en el que tenemos que hacer lo imposible por salvar a unas criaturas sin ningún instinto de supervivencia.

baldur's gate II

"Shadows of Amn" es un RPG basado en el universo del archiconocido Dungeons & Dragons. El mejor rol en pantalla.

league of legends

Si tuviésemos que escoger al emperador de los juegos online de los últimos años este no sería otro que League of Legends. ¡Y es gratuito!

command&conquer

C&C nos llevaba a un futuro cercano en el que la Tierra sucumbe a una misteriosa infección conocida como "Tiberio".

super mario 64

Pocas veces una consola ha conseguido estrenarse con uno de los mejores juegos de la historia en su catálogo de lanzamiento. Nintendo tenía claro que después de Super Nintendo y de la llegada de PlayStation necesitaba dar un golpe encima de la mesa. El proyecto Ultra 64 cogió forma y el icono de la compañía sería el encargado de presentar las credenciales de la nueva consola. Super Mario 64 fue una auténtica revolución. Un paso de las 2D a las 3D inimaginable, una vuelta de tuerca a lo que habíamos visto hasta el momento con el fontanero italiano. Las plataformas de Mario se unían a un toque aventurero y de exploración libre en una recreación del reino Champiñón que todavía hoy sigue sorprendiendo. Pocos juegos son capaces de ofrecer tal cantidad de desafíos y misiones en busca de las 120 estrellas. Enemigos, "power-ups", libertad, secretos y una banda sonora inigualable se funden en uno de los mejores juegos que ha creado jamás Nintendo.

day of the tentacle

Ambientado en el mundo del cine, nos embarca en una misión para poner fin a las megalómanas ambiciones de un Tentáculo mutante.

final fantasy VII

Personajes memorables, secuencia de vídeo espectaculares, combates divertidos, horas de juego extra mediante minijuegos, secretos...

starcraft

Juego que forjó la gran leyenda de Blizzard y un fenómeno que inició el camino del videojuego competitivo como espectáculo.

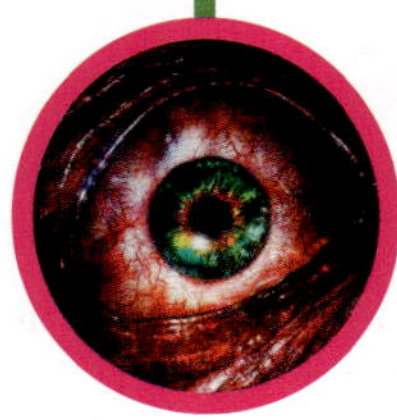

resident evil 2

Logró el desafío de mejorar a la primera e inmortal entrega de la saga, plena de terror, angustia, oscuridad y supervivencia.

humor gamer

Por supuesto, no nos hemos resistido a hacer un "crossover" tan friki como es mezclar memes con videjuegos. Esto es tan solo una pequeña muestra de lo que pulula por ahí en esas redes del Señor...

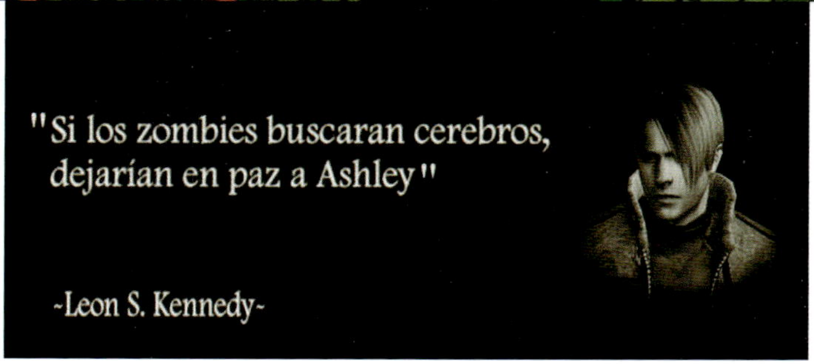

ASÍ NOS HACÍAMOS LOS SELFIES EN LOS NOVENTA

LÓGICA DE VIDEOJUEGOS: LAS ARMADURAS FEMENINAS

"Este es el regalo de mi novia, en el sobre venía también una carta 'cuando te canses ven a verme', con un condón. ¡Amo a mi novia!".

Este eres
tú
Cuando por primera
vez entras al multijugador

ESTOS PODRÍAMOS
SER NOSOTROS
PERO ESTA MIERDA
NO SE DEFIENDE SOLA

SOLDADO DE ÉLITE
SOLO PUEDE CORRER
DURANTE 15 SEGUNDOS

900 ×01 307
FONTANERO GORDO ITALIANO
PUEDE CORRER
DURANTE HORAS

¡Tú también
puedes tener
la sonrisa de
Némesis!
Colgate
Máxima
Protección
Anticaries

Cuando escucho "Videojuegos" en
una conversación.
¿Alguien dijo
Videojuegos?

COMO NO VUELVA CORRIENDO
DESDE EL RESPAWN LE VAN A
DESAPARECER LAS COSAS

Si algo nos ha enseñado el
Tetris es que los errores se
acumulan y los éxitos
desaparecen...

objetos de deseo 8

CON MARTY McFLY Y DOC BROWN

"REGRESO AL FUTURO II" VIAJA EN EL TIEMPO HASTA EL AÑO... 2015

Si existe una película por excelencia para practicar el coleccionismo friki es Regreso al Futuro II. ¡Quién no ha querido alguna vez unas zapatillas con robocordones para esas mañanas en las que te levantas torpe y perezoso! ¡O una cazadora que se seca sola para cuando te olvidas el paraguas o te salpica un coche gañán... o un aeropatín! Cuando la estrenaron en 1989 existían dos razones por las que no podíamos tener nada de lo que nos brindaba el futuro: a) Era una película. b) ¡NO ESTÁBAMOS EN 2015! Lo curioso es que, habiendo llegado al año que marca el temporizador del DeLorean, hay muchas cosas que ya podemos adquirir en tiendas... o eBay... o hacerlas en casa. Para otras, aunque ya existan, tendremos que esperar un poquito más. Y para disfrutar de otras tantas... tendremos que esperar a que Gollum críe pelo (sí, ya sabemos que algo tiene, pero muy poquito y del caduco). Veremos cómo a veces la realidad supera la ficción, cómo el cine puede cambiar la realidad; y os mostraremos algunas cosas que, ahora que las has visto, LAS VAS A QUERER.

cosas que ya podrías tener

EL TFX DE TERRAFUGIA, EN PLENO VUELO

coches que vuelan

Un supuesto práctico: vas por la autopista, aburrido de los atascos, y piensas: «Voy a visitar a mi tía la de Murcia». Pues "aeroconviertes" tus ruedas y te plantas allí en un ratito. Evidentemente, no puedes conducir uno de estos hasta que la normativa esté totalmente en orden o tengas una licencia de vuelo, pero existir, sabemos que ya existen. Hay diferentes versiones en diversos países, como el TF-X, fabricado por Terrafugia, o el PH-PAV, que es puramente español. Todos a sacarse la licencia de vuelo, que el futuro llegará volando.

el tiempo en directo

Cuando Doc aparca en doble fila en 2015 está diluviando, mira el reloj, dice: «Esperaremos 5 segundos» y... ¡bingo! Deja de llover. Actualmente existe un artefacto que predice esto: Se llama "móvil con app del tiempo", la pega es que falla más que un stormtrooper borracho. En la vida real, Doc habría dicho: «Saca la mano por la ventanilla, a ver si escampa».

¿periódicos en papel?

Según la película, en el año 2015 seguimos leyendo periódicos de papel de toda la vida. Ya existen las pantallas flexibles, que son como una especie de "papel" digital donde leer tus cosicas y ver porn... ¡cómics! Lo malo es que ni puedes conseguirla en la librería de la esquina ni se puede rellenar el crucigrama a boli, que no está la cosa como para estropear pantallas caras.

POR MUCHO CONCIERTO DE CANTANTE FRIKI JAPONESA QUE HAYA AHORA... NADA PODRÁ SUPERAR A AQUEL TIBURÓN HOLOGRÁFICO DE "REGRESO AL FUTURO II"

hologramas y pantallas virtuales

Un tiburón en 3D, pantallas que se proyectan en el aire... ¡pero "El café de los 80" sigue proyectando sus camareros virtuales en rústicos televisores! Aún no puedes realizar una videollamada con hologramas a lo "Ayúdame, Obi Wan Kenobi, eres mi única esperanza", pero existen alternativas como los conciertos de la chica holográfica Hatsune Miku o un sistema piramidal que, reflejando imágenes de tu propio móvil o tablet, crea imágenes holográficas en un 3D de andar por casa. Viéndolo de esta forma, si encuentras una imagen de la princesa Leia que se adapte a este sistema, quizás consigas lo que buscas.

bates que se estiran

Investigando por internet sabemos que existe algo "parecido" a un bate de béisbol abatible. Ni se despliega de forma electrónica como el de Griff ni sirve exactamente para jugar al béisbol, se trata de un candado antirrobo para coches que simula algo así como un bate. Para tener uno como el de la peli puedes adquirir uno de estos y hacerle tres o cuatro arreglos a lo McGyver.

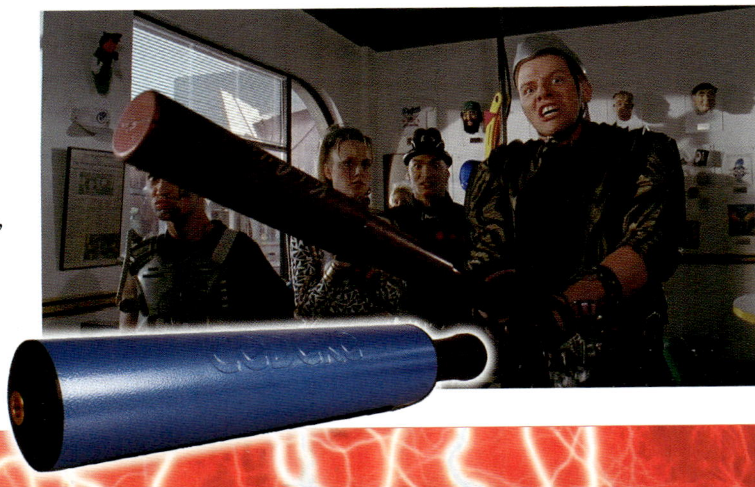

videojuegos "sin manos"

Hace unos años era ciencia ficción, hoy es de esas cosas que vemos en reportajes y aún necesitamos tenerlas en nuestras manos para creer que es posible. Ya existen miembros ortopédicos que se manejan con impulsos cerebrales, videojuegos que se controlan con tus movimientos capturados por una cámara y por supuesto EMOTIV, un sistema tipo "casco" para poder jugar sin usar las manos, como se comenta en la película. EMOTIV EPOC es una especie de "diadema élfica" que interpreta tus ondas cerebrales para controlar lo que quieres hacer con una mano metida en el bolsillo y la otra donde te plazca. No es barato, no lo puedes comprar en cualquier tienda de juegos, pero está ahí. Si quieres algo más económico, aunque no sea lo mismo, siempre tendrás opciones como la Nintendo Wii, Xbox 360 Kinect o PlayStation Move. Vale, a veces hay que usar las manos, pero no de la forma tradicional en plan A correr rápido y B saltar y A+B patada voladora destructora Ninja. ¡Todo a su tiempo!

¡¡¡UN APUNTE!!! ¿SABÍAS QUE EL CHIQUÍN QUE SE QUEJA A MARTY DEL ARCAICO "PISTOLERO SOLITARIO" EN EL "CAFÉ DE LOS 80" ES UN JOVENCÍSIMO FRODO BOLSÓN (ELIJAH WOOD PARA LOS AMIGOS)? PUES AHÍ OS DEJAMOS EL DATO (POR CIERTO, ALGUIEN DEBERÍA HABERLE DICHO QUE EN UNA PELÍCULA NO SE MIRA A CÁMARA).

aparatos de efectos sonoros

Cuando Griff Tannen llama "gallina" al hijo de Marty (al menos, él cree que es su hijo), uno de sus coleguitas tiene adosado al pecho un aparato que hace un sonido de gallina al apretar un botón. Eso hace tiempo que lo podemos comprar, se trata de las siempre socorridas "sound machines" o "cajas de efectos". Quizás no todas tengan ese sonidito para insultar a un McFly, pero siempre podrás soltar una pedorreta en mitad de una reunión, la explosión de una bomba en el Congreso o un autoaplauso a un chiste mal contado, que siempre aporta un remate muy cómico a la situación.

aeropatines

Llegamos a un punto importante. ¿Existen los aeropatines en 2015? ¿O ya existían?

Respuestas: SÍ y NO. Se corrió el rumor (de la mano de los propios artífices de la peli) de que Mattel tenía en su poder aeropatines auténticos (los mismos que usaron en el rodaje), pero que las asociaciones de padres se habían quejado porque eran peligrosos y te podías torcer un "tubillo" o morir, y los retiraron. Ahora sabemos que eso no era cierto, pero qué gracioso habría sido. Pero... sí, en 2015 la realidad le ha dado una patada a los rumores. Ahora existe HENDO, el auténtico aeropatín. HENDO es básicamente una tabla con mucha tecnología y cables que se eleva a una pulgada del suelo (2,5 cm aprox.), aguanta unos 226 kg (casi tres Martys juntos, ya que con su 1,65 m y su complexión delgadilla será un peso-escombro) y su autonomía es de siete minutos, lo que solo da para huidas con prisa.

¿Cómo funciona? Por electromagnetismo y por control remoto si es en llano... Eso de impulsarlo "remando" con el pie por el aire aún es un cuento chino. La pega es que solo puede usarse en suelos con superficie conductiva, lo que lo hace bastante inútil en la plaza del pueblo o en una pista de skate normal. ¡Una pena!

¿Cuánto cuesta? 10.000 dólares. Siempre que se consiga llegar al presupuesto solicitado en Kickstarter. Así que... ¡todo el mundo a ayudar!

MONOPATINES Y PATINES CON MOTOR; ¿QUÉ SERÁ LO PRÓXIMO, BICICLETAS CON MOTOR EN EL CENTRO DE MADRID?

aeropatines "turborizados"

Vale, aún tendremos que esperar a que se invente un aeropatín que pueda usarse en la calle, teniendo en cuenta que HENDO necesita una superficie conductiva y no podemos "conductivizar" toda la ciudad (que si por nosotros fuera, lo habríamos en una sola mañana de domingo por el bien del frikismo). No obstante, si lo que quieres es un "monopatín de toda la vida" impulsado por un motor, eso ya es otra cosa. Existen y lo puedes tener ya. Aparte, también existen los patinetes motorizados, lo que ocurre es que no está bonito robárselo a una niña y arrancarle el manillar de cuajo, aunque te persiga una pandilla de malos. Sin contar con que no sería muy práctico ya que, junto al manillar, también le arrancarías los controles, y sin ellos seguirías teniendo un monopatín de los de mover a pie... Y para eso no arrancas nada ni se lo robas a nadie. Eso sí, si la chica se hace por su cuenta con un "turbo-bestia" te dará el patinete sin reparo.

gorro de policía con pantalla led

Ya venden una gran variedad de prendas con LEDs: Camisetas, cinturones, sostenes (que te indican el camino en la oscuridad)... por lo que una gorra de policía no sería una idea muy descabellada. Eso sí, si es para disfrazarse, ya sabéis que hacerte pasar por agente de la ley está prohibido... Sin contar con que llevar actualmente un gorro de LEDs cuando ningún otro poli lo hace sería sospechoso.

HASTA ROPA CON LEDS TENEMOS YA EN ESTE "ADELANTADO" 2015

gafas con pantalla

Hoy existen tantos modelos de gafas virtuales que no merece la pena gastar un segundo en comentarlo, ni que fuera una novedad futurista del año 2015. Otra cosa es que según el modelo puedan recibir llamadas, pero al menos tendrás una forma privada de ver vídeos guarretes. Importante: no te toques mucho, por si tienes alguien al lado y no lo has visto llegar por llevar las gafas puestas.

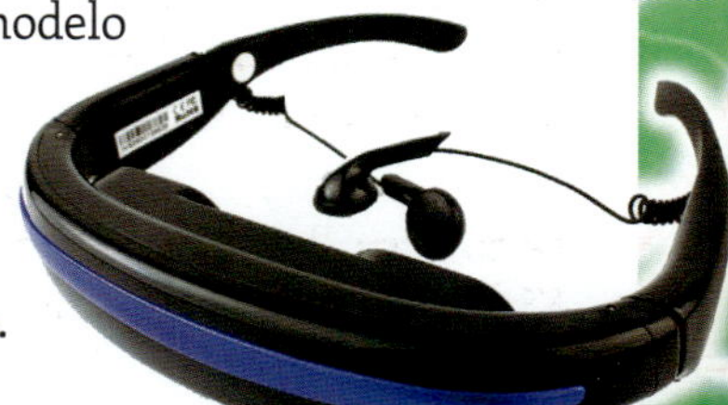

arreglaespaldas volador

COLGARSE, LO MEJOR PARA LA ESPALDA

Cuando el George McFly de 2015 entra en escena vemos que se ha fastidiado la espalda jugando al golf, pobre, y para curársela se encuentra invertido en un artefacto volador. Esa es la "excusa" oficial del film, nosotros creemos que fue porque tuvieron que cambiar de actor y así se le reconocería menos, pero ese no es el tema. Pues bien, desde hace tiempo existen las "camas de inversión". No gravitan, pero existen, ya sea para usarlas por un dolor de espalda como si tu deseo es colgarte bocabajo al más puro estilo Nosferatu.

canal paisajista

En casa de los McFly siempre está estropeado porque el técnico llamó a Marty "gallina", qué susceptible es este gallina, pero mola mucho poder ver cualquier paisaje del mundo desde la ventana de tu salón. Básicamente, se trata de una pantalla (que en la película es una persiana) adornada con un marco de ventana. Tan simple como eso. La realidad, de nuevo, ha superado la ficción. Hoy existe WINDSCAPE, un sistema de vídeo que puede incluso cambiar la perspectiva del paisaje mediante unos sensores que captan el movimiento de la persona que está mirando. Si no quieres comerte la cabeza puedes poner tras el marco una pantalla de toda la vida o una foto fija a escala que puedas cambiar cuando te aburras; es más sencillo, más barato y más fácil de adquirir.

¿APOSTAMOS A VER CUÁNTO TARDAN EN PONER ANUNCIOS A ESTOS PAISAJES VIRTUALES?

basura prensada en cubos

Uno de los detalles en los que quizás no te hayas fijado es que cuando el Delorean aterriza en Hill Dale, el barrio de Marty en el futuro, la basura está prensada en cubos, suponemos que para que sea más apilable. A escala doméstica aún no se han comercializado demasiados artefactos para tal uso, pero sí existen algunas alternativas como compresores de latas y botellas por presión o un cubo muy cuco que se pliega cuando lo pisas para que se comprima en cierta medida lo que hay dentro. Para todo lo demás un desguace de coches o una prensadora industrial, cosas que solo cabrán en tu cocina si vives en un palacete o en el propio desguace. No obstante, este cubo viene muy bien si tienes el síndrome de Diógenes pero te gusta tener tu basura bien ordenadita.

la comodidad al alcance de la mano

En la película se muestran muchos artefactos, tecnología y sistemas futuristas que hoy en día son totalmente posibles y que a veces, por cotidianos, no llaman nuestra atención. Puertas cuya cerradura se abre mediante tu huella dactilar, una papelera móvil que circula por la ciudad (o lo que es lo mismo, una papelera con ruedas que se mueve con sensores), camareros virtuales (ver el "Restaurante robot" en el capítulo de restaurantes frikis), el "Modo limpio en marcha" que acciona Marty al llegar a casa (todos conocemos esos robotitos circulares que te limpian el suelo automáticamente), sistemas que se activan por reconocimiento de voz (con aplicaciones como los asistentes virtuales de los móviles, como SIRI, esto ya es tan normal como poco novedoso, incluidas esas fantásticas luces que se encienden y apagan dando palmadas, tan llamativas si eres un personaje mujeriego como Quagmire de Padre de familia para ambientar tu habitación con el modo "fucker" ON), y un larguísimo etcétera.

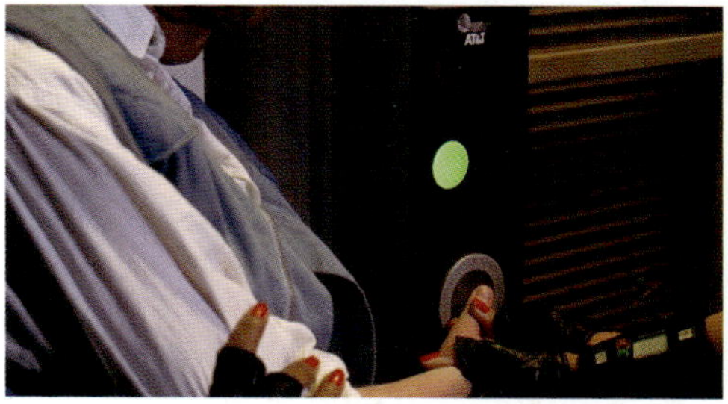

cosas que querrías tener y no puedes

mr. fusión

Aunque ya se conocen métodos de reciclaje de basura para crear energía, aún queda para que nuestro turismo tenga su propio Mr Fusión... Mientras haya petróleo, ¿para qué van a preocuparse en soluciones más baratas y ecológicas? (entiéndase esta pregunta como puro sarcasmo).

zapatillas con robocordones

Sí, ya sacaron una versión de las apetitosas Nike que lleva Marty en el futuro, pero lo más que hacían era encender unas lucecitas y parpadear cual puticlub de carretera. Los hay que se han fabricado sus propios "robocordones" pero "a su manera" y para su propio disfrute, así que eso no cuenta. Total, en atarte los cordones se tarda un minuto, tampoco es que fuera a cambiar mucho nuestra vida (esto es solo una muestra de rabia, ya que en el fondo todos deseamos ardientemente poseer nuestras propias zapatillas con robocordones en el zapatero, maldita sea). Aparte, si lo que quieres es algo práctico que realmente puedas sacar a la calle sin miedo a que te llamen "puto frikazo" (ya que también tenemos nuestro corazoncito), puedes adquirir las Nike Hyperdunk Edición "Regreso al Futuro", unas zapatillas de baloncesto al uso cuyo aspecto adaptaron al de la película.

cazadoras que se secan solas

Ya existen, pero solo si te tiras un rato largo al sol en un día de mucho viento. Se supone que poca gente se atrevería a ponerse una prenda que pueda sumergirse en un lago si esta lleva un motor eléctrico. No es para fiarse. Por otra parte, para conseguir una cazadora que se ajuste automáticamente a tu talla, tendrás que seguir yendo al sastre... Aunque sea a un sastre robot.

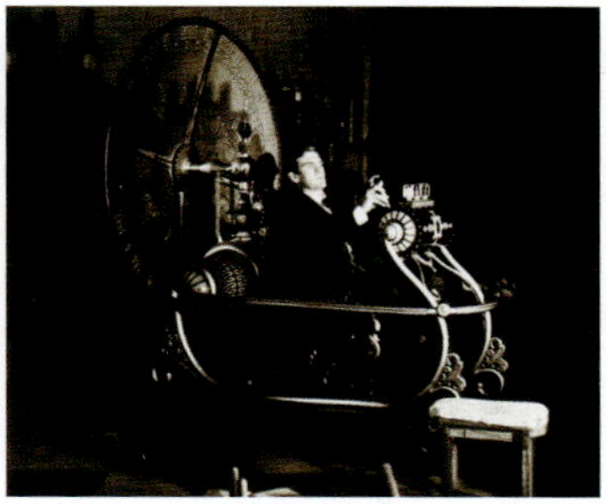

y, cómo no... ¡una máquina del tiempo!

JUNTO AL DELOREAN VEMOS LA MÍTICA MÁQUINA DEL TIEMPO DE H.G. WELLS

Yo no puedo tener una máquina del tiempo. Tú no puedes. Tu vecino del 5º no puede... Quién sabe si el Gobierno tiene una máquina del tiempo guardada en el trastero, y si la tienen, ya podrían haberla usado para acabar con la crisis antes de que llegara. Los habrá que digan que ya existe, otros dicen que los astronautas pueden viajar al futuro debido a la teoría de la relatividad... Incluso un científico ya dice poder predecir los próximos seis o siete días de una persona. Lo cierto es que si existe algo parecido al Delorean de Regreso al Futuro o a la máquina de la megapaella endosada de H. G. Wells, nadie lo sabe, y el gobierno que ya la tenga no lo va a decir, así que habrá que esperar a que un científico loco autónomo se resbale en el baño mientras coloca un reloj, dándose un cabezazo contra el retrete e ideando el condensador de fluzo. Jolines, ¡qué de fortuitas circunstancias han de darse para poder tener una máquina del tiempo!

cosas que existen, pero son demasiado mundanas para llamar la atención

1

2

3

4

5

1. PAGAR CON TARJETA DE CRÉDITO DESDE CASA O EN UN TAXI; 2. TV POR CABLE EN UNA MULTIPANTALLA PLANA, EL "NO VA MÁS"; 3. VIDEOLLAMADAS, DAME UN MÓVIL 3G Y MOVERÉ EL MUNDO; 4. FAX EN CASA: EN 2015, SEGÚN LA PELÍCULA, TODOS TENEMOS UN FAX EN CASA PARA GASTAR ALGUNA QUE OTRA "BROMAFAX"; SEGURO QUE DESPIDIERON A ALGÚN GUIONISTA POR ESTO; 5. PRISMÁTICOS DIGITALES, PARA VER PAJARITOS O A MARY JANE CUANDO SE PONE EL PIJAMA.

cosas que molarían muchísimo

generador de ondas somníferas alfa

Hoy sabemos que ciertas ondas te ayudan a relajarte, que cierta música te ayuda a dormir, o que el cloroformo te deja frito al instante. Pero el artefacto que usa Doc para dejar K.O. a Jennifer te duerme en el acto como un hipnotizador de feria. Muchos maridos querrían este aparatito para esos momentos en que su suegra le machaca con lo inútil que es. Muchas mujeres lo querrían cuando su marido ansía el mando a distancia para quitar su serie y poner el fútbol. Muchos chavalines matarían por tener uno para que sus padres se queden sopa mientras meten a su novia en su cuarto. Pero la realidad es que nadie lo tiene y nadie lo tendrá por el momento. Aparte de no existir, sería antiético, excepto si es para meter a M.A. Barracus en un avión; en ese caso todos querríamos tener uno a mano, no siempre es fácil que se tome su leche con cookies y tranquilizante de caballo. Murdock lo sabe.

pepsi perfect

Cuando leas esto no te reprimas. Métete en Google, busca el correo de atención al cliente de Pepsi, infórmate de quién es el máximo responsable de ventas, plántate en su oficina central con una pancarta, encadénate a una de sus fábricas... En definitiva: ¡ponte "pesao"! Pero haz lo que sea para que PEPSI lance la botella de PEPSI Perfect de Regreso al Futuro, aunque sea una edición muy limitada, que algunos queremos hacernos con una para ponerla en nuestra estantería. ¡El Frikismo os lo agradecerá!

pizzas que se hidratan y cuadruplican su tamaño

A no ser que el Gobierno nos lo oculte (que es lo más probable a estas alturas), en 2015 no puedes meter una pizzeta en el horno y que te salga una pizza familiar de 50 centímetros con su pepperoni y su pimiento en regla. NO SE PUEDE. En cambio, existe "comida para astronautas", comida de sobre a la que solo tienes que añadir agua y muchas curiosidades por el estilo. Un ejemplo son los curiosos miniplatillos de Happy Kitchen, una marca japonesa de comida en miniatura (desde sushi de gominola a minihamburguesas y pizzas) que se elaboran mezclando unos polvitos con agua y siguiendo sus instrucciones de forma rápida, sencilla y con un resultado muy llamativo. Para nada es como la "hidratación punto 4" de los McFly, para eso aún queda, pero es tan curioso que no nos hemos podido resistir a compartirlo con vosotros...

robots que te atienden en la gasolinera

Hoy día existen dos métodos para repostar tu coche: el "gasolinero" del peto manchado de grasa o tus propias manitas, ataviadas con ese inútil guante de plástico. ¿Un robot a lo Terminator que llega raudo a preguntarte qué tipo de combustible usas? Sueña despierto. Es más... ¿realmente querríamos que un robot fuese el responsable de llenar tu depósito con uno de los líquidos más inflamables y explosivos que existen al alcance de su brillante mano metálica? Mmmm... Sería facilitar demasiado una dominación del mundo por parte de las máquinas. Molaría, sí, pero, ¿dormirías tranquilo?

robots que sacan al perro

Cuando Marty llega a Hill Dale en 2015, de fondo vemos cómo una especie de robot volador pasea tranquilamente al perro de un residente. ¿Quién no ha deseado algo así para esas noches lluviosas en las que no queremos quitarnos el pijama? Pues bien, aunque la idea de que una máquina saque algún día a nuestros cánidos no sea una cosa descabellada, Jeff Myers, un camarógrafo norteamericano (cómo no) tuvo la genial idea de programar un dron mediante GPS para que paseara a su perro, los unió mediante una correa y lo grabó en vídeo. Se sabe que un dron no tiene fuerza para tirar de un perro. Un dron no sabe cuándo se parará el perro para hacer sus cosas. Un dron no dice frases como "¡vamo a calle!" para que el chucho se vuelva loco... Pero hasta ahora es lo más cerca que estaremos de ver a un robot paseando a un perro. ¿Práctico? No demasiado. ¿Divertido? Un montonazo.

AQUÍ A LA IZQUIERDA LO TENEMOS: UN "ESPABILAO" QUE HA PROGRAMADO UN DRON POR GPS PARA AHORRARSE LOS PASEOS CON SU "MEJOR AMIGO", MUCHO MENOS "PERRO" QUE SU AMO

el almanaque deportivo

Y como colofón... el Almanaque Deportivo. Ta-taaa-ta-taaaaa ta-ta-taaa-ta-ta-taaaaaaa (se supone que es la canción de Regreso al Futuro, pero escrita queda fatal). Probablemente exista un almanaque publicado en 2015 con todos los resultados deportivos de la historia... Quizás... Que para pasar el rato por la curiosidad está bien, pero de cara a ganar dinero con las apuestas es un poco absurdo, tendríamos que viajar al pasado y dárselo a nuestro "yo" jovenzuelo. Pero... ¿y si alguien ya lo hubiera hecho? Atentos a esta curiosidad: en el Almanaque se dice que "el equipo de Florida" ganó la Serie Mundial de béisbol en 1997. Cuando se rodó la película (en 1989, esto es importante), Florida... ¡ni siquiera tenía equipo! Pues bien, el 26 de octubre de 1997 el equipo de Florida quedó campeón de las Series Mundiales. ¿Coincidencia... o Biff Tannen haciendo de las suyas?

cosplays

9

¿DISFRAZ? NO, TRANSFORMACIÓN

Hay algo que nos gusta muchísimo a los frikis: disfrazarnos. No nos estamos refiriendo a ponerse un disfraz de cualquier cosa, aquí no se trata de ponerse plumas y tanga (bueno, a veces si) y ponerse a bailar samba como descosidos, eso se lo dejamos a los brasileños. La palabra **cosplayer** viene de **Costume-player**, o sea, el que se disfraza. La diferencia con el disfraz habitual es que el cosplayer imita (o al menos lo intenta) al personaje elegido, tomando sus poses y realizando **performances**. Un cosplayer es aquel que se transforma en el personaje que ha elegido para la ocasión, ya sea su superhéroe o supervillano favorito, el personaje de la serie que más le gusta, o el del último videojuego que ha salido. Cuanto más reconocible sea el cosplay más fotos te pedirán y por lo tanto habrás triunfado. Porque no nos engañemos, lo que nos pone el ego por las nubes es que en los salones no podamos dar dos pasos sin hacer una pose, una foto y alguno hay que hasta lleva boli por si le piden un autógrafo. Pero como en todo aquí también hay categorías, en las siguientes páginas te presentamos algunas.

UN COSPLAY PODRÁ SER MÁS O MENOS HORTERA, PERO LO MÍNIMO QUE SE PIDE ES QUE ESTÉ MUY "CURRADO"

héroesyvillanos

Los cosplays vienen en su mayoría de los mundos del cine y del cómic. A veces están muy trabajados, con bastante detalle, aunque a menudo son comprados, ya que no es difícil encontrarlos en tiendas. Son sin duda los cosplays más reconocidos, aunque estén basados en el personaje más secundario de cualquier saga. A menudo se presentan como cosplay grupal o por parejas, ya sea con su enemigo o con la pareja de la película/cómic en cuestión.

BUENAS O MALAS, LAS CHICAS TIENEN CIENTOS DE PERSONAJES EN LOS QUE BASAR SU COSPLAY, COMO SUPERGIRL O POISON IVY

NO ES DIFÍCIL ADIVINAR QUE EL DEL JOKER ES UNO DE LOS COSPLAYS QUE TODO FRIKI DEBE VESTIR UNA VEZ EN LA VIDA AL MENOS

LOS PERSONAJES DE "STAR TREK" Y DE "STAR WARS" SON LOS REYES Y REINAS DE LOS COSPLAYS EN ESTA CATEGORÍA

cineyseries

Turno para hablar ahora de una categoría en la que entran los Waries, Trekkies, Losters, Whovians, Elfos y Enanos, etc. Habitualmente van en manada y los cosplays son de mucha calidad, las armaduras son muy caras y casi siempre compradas, tienen todo lujo de detalles... Muchos de ellos pertenecen a asociaciones o grupos que se reúnen a menudo y para los que cualquier excusa es buena para ponerse el cosplay.

LOS COSPLAYS DE "JUEGO DE TRONOS" SON LAS ÚLTIMAS "ADQUISICIONES"

LOS COSPLAYS DE ROBOTS, MECHAS Y ARMADURAS SON PIEZAS DE INGENIERÍA, AUNQUE SEAN DE GOMA-EVA O CARTÓN

ALGUNAS "ARMADURAS" COSPLAY NO PUEDEN SER MÁS IMPRESIONANTES

armaduras y robots

Aunque esta modalidad es más propia de Yankilandia o de Japón, cada vez es más habitual encontrarte algún robot o armadura enorme en los salones de por aquí. Son espectaculares, muy currados, muy incómodos y requieren mucho tiempo de preparación, además de que suelen ser caros por la cantidad de detalles que llevan pero el que se atreve a llevarlos triunfa.

animeymanga

Son sin ningún género de duda los más habituales, de todos los personajes y de todas las series y cómics que puedan existir, desde las que no conoce nadie hasta las consumidas por todos. Se pueden llevar en solitario, en pareja o en grupo, tanto da. Si el personaje es conocido aunque vayas solo siempre puedes hacer una quedada con los otros ochocientos cosplayers que llevan el mismo que tú. Aquí deberíamos crear una subcategoría llamada Gokus, Narutos y Luffis, que como cosplay de principiante es bastante resultón y ayuda a romper el hielo. Los cosplays de esta categoría acostumbran a ser creados por los propios cosplayers y la calidad del mismo dependerá de la habilidad con la aguja y el hilo del friki en cuestión.

LA CATEGORÍA MÁS VARIADITA DE COSPLAYS, CON GOKUS, NARUTOS, LUFFIS, ETC.

personajesrandom

En esta categoría pondremos a todos aquellos que sin ser personajes de manga se cuelan en todas las convenciones de anime y manga y parece que sí lo son, o los otakus los reconocen dentro de su mundo internauta como elemento habitual. Dependen de la moda del momento, muchos de ellos son memes o de otro tipo de series y películas que no entran en el manga. A lo largo del tiempo los hemos visto de todo tipo: Asesino de la Cuchara, Nyan Cat, Don Ramón y Perchita, Princesas Disney, personajes de las películas de Tim Burton, Adventure Time... yo misma fui de Chapulín Colorado y coló.

LAS DE DISNEY PODRÁN SER "PRINCESAS" EN EL CINE, PERO TRANSFORMADAS EN COSPLAYS ESTÁN DISPUESTAS PARA "DAR BATALLA" EN TODO MOMENTO

videojuegos

Aquí entran todos los personajes de videojuegos desde los básicos de miniconsola hasta los más complicados de Juegos de PC u otras consolas. Los más habituales son los mundos de Super Mario Bros, Kingdom Hearts, Zelda, Resident Evil, Assassins Creed...

furries

Un cosplay furry es el que representa a personajes que aun siendo animales tienen un comportamiento muy humano, utilizan ropa, joyas, armas y elementos cotidianos humanos. Hay muchas series y películas que se basan en la vida de estos personajes. Los furries completos son muy complicados de confeccionar y muy caros, por lo que habitualmente el tipo de furry que vemos en nuestros salones es menos elaborado y solo usa unos cuantos elementos que le hacen reconocible. Hay mucha leyenda negra de las Furcon (convenciones de furries).

UN COSPLAY FURRY CON TODOS SUS ELEMENTOS PUEDE SALIRNOS POR LOS DOS OJOS DE LA CARA

HARLEY QUINN, LA CHICA DEL JOKER, ES UNO DE LOS COSPLAYS MÁS "DESVESTIDOS"

sexyminimalista

Son esos cosplays que tiene más carne que tela. Cada vez es más habitual que las series anime y los videojuegos escatimen en ropa y hay algunas cosplayers que se lo toman al pie de la letra pudiendo hacerse un cosplay con un tirachinas y poco más. De chicos hay menos, mucho torso depilado, mucha tableta de chocolate, pero a marcar paquete pocos se atreven. No es muy recomendable si el evento es en invierno pues hay serio peligro de pillar una neumonía. Algunos requieren un buen depilado y bastante maquillaje corporal, o en su defecto unos rayos UVA.

¿A QUE NO ESTÁ MAL ESTE COSPLAY PARA EL DÍA DE TU... BODA? PUES DE ESTA GUISA SE CASÓ ESTE JOVEN LLAMADO CRAIG

roleros

Imprescindibles para las partidas de Rol en vivo, los hay de muchos tipos: de época, soldados de las Cruzadas, Orcos, Fantasía Medieval... Son también conocidos como cosplays LARP (Live Action Role Playing). Pueden ser completos o llevar algunos elementos necesarios para las partidas y se utiliza buena cantidad imitación de cuero, cascos, espadas, escudos y armas en muchos de ellos ya que se organizan combates.

zombis y terror

Estos cosplays son cada vez más habituales en las zombies walks que se organizan en diferentes ciudades pues no requieren gran elaboración: un poco de ropa vieja, maquillaje y un poco de sangre artificial o mejunjes varios que hagan el efecto de heridas pustulosas y sangrantes. Recomendable un buen maquillaje, cuanto más asqueroso mejor, y si no tienes posibilidad de que te maquille un experto siempre encontrarás buenos tutoriales en YouTube.

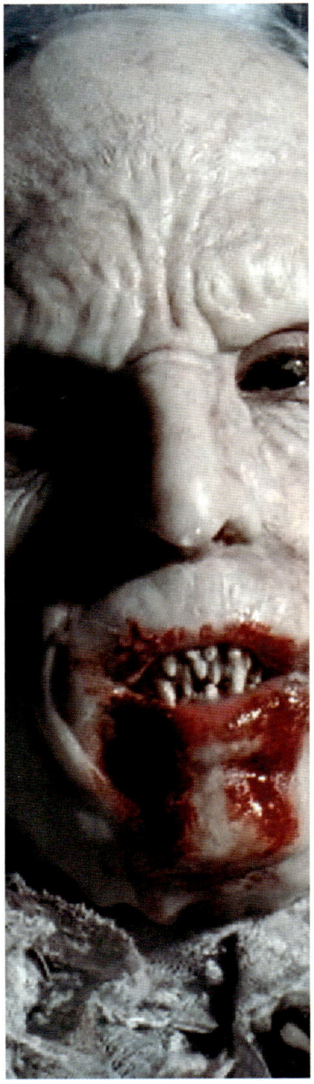
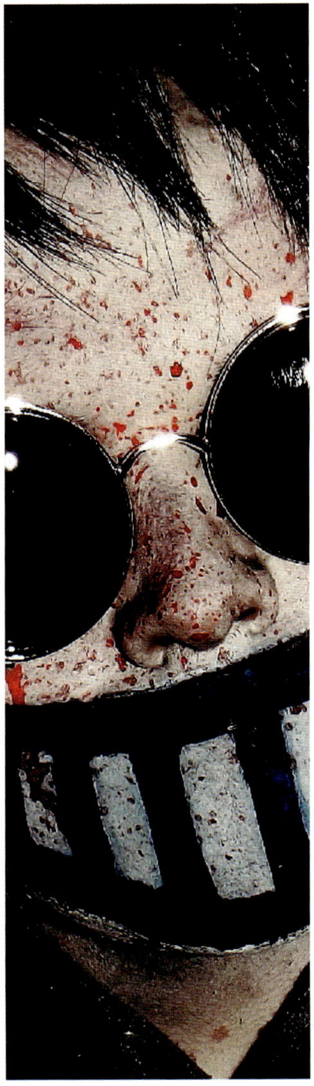

EL MAQUILLAJE ES EL ELEMENTO FUNDAMENTAL EN CUALQUIER COSPLAY QUE TENGA QUE VER CON TERROR

cutrecosplays

Esta categoría de cosplay requiere una gran imaginación. Se trata de hacerse el cosplay con lo que tengas más a mano, da lo mismo si es una alfombra, unas ollas o una escoba, todo vale si al final consigues un resultado que pueda recordar al personaje. Hay algunos muy cutres, pero otros son sorprendentemente buenos. También entran en este apartado aquellos cosplays que aún estando bien confeccionados dan un resultado ridículo. Esta categoría también es conocida como cosplay low cost.

EN POCOS APARTADOS SE PUEDE LLEGAR A LA EXCELENCIA A TRAVÉS DEL CRITERIO COMO EN LOS COSPLAYS LOW COST

losmateriales

Los materiales más habituales para la confección de un cosplay suelen ser: pelucas, maquillaje, telas, peluche, relleno, cartón, cartón-pluma, material de ferretería, pistola de encolar, pegamento termofusible, siliconas, planchas metálicas, alambre, alicates, goma EVA, pinturas, pintura en spray, lija, envases de PVC, cinta de carrocero, cinta americana, cola blanca, papel de cocina, agujas, hilos, máquina de coser, velcro, cintas y bieses, cremalleras, tijeras, plancha, grapadora... Cualquier trozo de lo que sea se puede convertir en material de cosplay, desde un trozo de cartón a una tuerca, y se gastan cantidades ingentes de goma Eva y pegamento.

Un consejo para cosplayers: es imprescindible una pistola de silicona y una tienda de chinos o de bricolaje cerca para abastecerse de los montones de barritas de silicona y otros elementos necesarios. Otro material, aunque sale más caro porque es de importación, es el worbla, un plástico moldeable con calor parecido a la goma Eva pero más resistente. Lo encontrarás en internet. Otra opción son los elementos impresos con impresora 3D; aunque puedan resultar un poco caros no hay que descartar las posibilidades que te puede ofrecer. A menudo se utiliza fibra de vidrio, sobre todo para las armas que se utilizan para softcombat, y que encontrarás normalmente en grandes centros de bricolaje.

Las pelucas, lentillas y elementos especiales se piden por correo a China y conviene hacerlo un par de meses antes porque tardan en llegar. Para el maquillaje se puede utilizar maquillaje en barra o aqua color (que es como las acuarelas). Si tienes que pintar mucha superficie de piel se aplica con esponja húmeda y una vez que se seca se fija al cuerpo, y lo encontrarás en tiendas de maquillaje especializadas o por internet.

Es recomendable que el día que te pongas tu cosplay lleves imperdibles, aguja e hilo para emergencias, y un rollo de celo, cinta aislante o cinta americana mejor que mejor, nunca sabes si vas a tener que hacer una reconstrucción de emergencia.

viajes

10

LUGARES QUE TODO FRIKI DEBERÍA VISITAR

¡SÍ! EL ANDÉN 9 Y 3/4 EXISTE EN LA ESTACIÓN DE KING'S CROSS DE LONDRES

No hay duda: la Tierra es el planeta más friki que existe. Cientos son los destinos que alguien tan "especial" como tú debería visitar al menos una vez en tu vida. Aquí te presentamos 20 de ellos por todo el mundo. Si no te teletransportas, viaja...

hobbiton

matamata (nueva zelanda)

Casi todo el mundo ha visto El Señor de los Anillos. Si no eres un fan acérrimo de Tolkien, quizás solo hayas tenido en tus manos algún ejemplar de sus múltiples libros para calzar la mesita coja del salón, pero al menos sabes cómo es un agujero Hobbit gracias a las películas de Peter Jackson. Pues bien, las construcciones que dicho director levantó para mostrar Hobbiton en sus películas siguen en pie para el disfrute de fans y curiosos. El lugar elegido fue Matamata, un pueblo de la región de Waikato (al Norte de Nueva Zelanda). Si decides ir, recuerda esta máxima: "Un fan nunca llega tarde, ni temprano. Llega cuando se lo propone"... O algo así.

AMANECE UN NUEVO DÍA EN LA COMARCA. AÚN NO SE VEN HOBBITS PORQUE ESTÁN TODOS DURMIENDO. Y HASTA MEDIODÍA NO VERÁS NINGUNO.

museo ghibli
mitaka (japón)

Si nos referimos a los "Estudios Ghibli" los no iniciados te mirarán como si les estuvieras hablando en chino. Lo irónico es que nos acercamos más al japonés. En Mitaka, al oeste de Tokio, se encuentra un lugar de obligada visita para los aficionados al anime y, más concretamente, a las películas del grandioso "Estudio Ghibli". Este museo, abierto en 2001, transporta al visitante al universo de dichas películas, cintas como El viaje de Chihiro o Mi Vecino Totoro (ya sabéis, esa especie de gato gordo y bonachón que poco tiene que ver con Doraemon). En este museo podrás hacer cosas tan variopintas como ver en carne y hueso, perdón, en metal y tuercas, al robot de la película El castillo del cielo (considerado el guardián del museo), ver películas en el "Cine Saturno" o aprender cómo se hace una peli de anime al estilo tradicional mediante el circuito "Where a Film is Born", todo un deleite para el frikismo.

TOTORO "EL VOYEUR" TE OBSERVA DESDE UNA DE LAS VENTANAS DEL MUSEO GHIBLI

zombie walk

sitges (españa)

Si vas caminando por Sitges y de repente te cruzas con una horda de zombis magullados y con más mala cara que Peter Parker cuando muere su tío Ben, no te asustes, se trata de la Sitges Zombie Walk, y todo lo que ves es maquillaje. Si de repente esos zombis empiezan a comerte un brazo... Preocúpate, lo mismo son de verdad.

La Sitges Zombie Walk es una cita imprescindible para todos los amantes del género fantástico, un recorrido por diversas zonas de Sitges con centenares de zombis en busca de "carne fresca", aunque otros irán "buscando mambo". Cada año la cita se convierte en una de las de mayor convocatoria dentro del Festival Internacional de Cine Fantástico de Sitges, dejando zonas habilitadas para que los asistentes se maquillen, pero de zombis, no a lo princesa Disney o a lo Señorita Pepis.

Deja de comerte el cerebro plantado frente a tu televisor como un zombi casero y hazte un zombie comecerebros de verdad en este maravilloso evento... Te lo pasarás de muerte (juego de palabras poco original pero basante acertado para tan sangrienta ocasión).

"¿ALGUIEN HA VISTO A MI MARIDO? VA VESTIDO DE ZOMBI, TIENE SANGRE EN LA CARA, LA ROPA RAÍDA Y LOS DIENTES NEGROS... ¿NADIE LO HA VISTO?"

Comic-Con

San Diego (California, EE.UU.)

La Convención Internacional de Cómics de San Diego (California) es mundialmente conocida como "la Comic-Con", nombre que no podrías pronunciar si tuvieras miedo a la letra C. Es una convención anual de cómics (aunque desde su nacimiento, en 1970, ha ido abarcando otras disciplicas de la cultura popular como el cine y los videojuegos) que se celebra durante cuatro días de julio en el Centro de Convenciones de San Diego en San Diego... lo que suena muy redundante, ¿os imagináis a Carmen San Diego en el Centro de Convenciones de San Diego en San Diego con su novio Diego, experto en el riego siendo ciego? (dejaremos los psicotrópicos, prometido).

IRONMAN SIEMPRE TIENE UN RATO EN LA COMIC-CON PARA "ECHAR UNA MANO"

MUCHA GENTE, ¿VERDAD? Y ESO QUE ESTE DÍA NO REGALABAN NADA...

rancho obi-wan

sonoma county (california, ee.uu.)

Si crees que la estantería de tu cuarto es el vademécum del coleccionismo de Star Wars, no has estado en el Rancho Obi-Wan. Este lugar alberga una colección de 200.000 objetos de dicho universo. El dueño de esta coolección es Steve Sansweet, autor de 14 libros sobre la saga. Su biblioteca guarda copia de todos los libros en todos los idiomas, incluido el braille. Lo que no sabemos es si en el Rancho habrán traducido también los carteles al idioma de Yoda, ya sabéis: "Este libro muy importante de leer es" o "Si visitar el Rancho Obi-Wan quieres, pasar por taquilla antes tú debes".

STEVE SANSWEET (EN EL CENTRO), DUEÑO DEL RANCHO OBI-WAN, HA LLEGADO HASTA A OFICIAR BODAS EN SU "SANTUARIO"

EL RANCHO OBI-WAN ES SIN DUDA EL PRINCIPAL MUSEO DEL UNIVERSO STAR WARS DE TODA LA GALAXIA

trekcetera museum

vulcan (canadá)

Cuenta la leyenda que cierto día, un "Trekkie" descubrió en Canadá una ciudad llamada Vulcan, en español "Vulcano", nombre del planeta de origen del legendario Spock (interpretado por el recientemente fallecido Leonard Nimoy, "larga vida y prosperidad"). Desde entonces, los fans de Star Trek peregrinan hasta allí una vez al año (o varias, o miles, ¡o a saber cuántas!) para debatir sobre sus capítulos favoritos, hablar dialecto Klingon, contar el número de camisetas que se le han roto a Kirk durante toda la serie, beber cerveza romulana o comer panchitos. Algunos incluso intentarán acostarse con una mujer verde... ilusos. La ciudad se ha volcado tanto con los fans (y con lo que rellena sus carteras) que en 2013 abrió un museo dedicado en su totalidad a esta epopeya espacial. Ya sabéis el refrán: "Cuando las monedas suenan, trekkies llevan".

SEGURO QUE ESTA ES LA PIEDRA CON LA QUE AQUEL LAGARTO INTENTABA DESTROZAR EL CRÁNEO DE KIRK EN LA PEOR PELEA DE LA HISTORIA DE LA TELEVISIÓN

hotel sidi driss

matmata (túnez)

Ay... ¡si tío Owen levantase la cabeza y viese en lo que se ha convertido su granja de humedad! George Lucas pensó que el hotel Sidi Driss era la localización ideal para dar cobijo a ese jovencísimo Luke Skywalker que aún no sabía lo que el destino, la Fuerza y el merchandising internacional le tenían preparado. 37 años después (sí, treinta y siete y seguimos contando) el hotel sigue acogiendo a todo fan de Star Wars que quiera hacerse una foto en la cocina de tía Beru... Por un módico precio, claro, y en moneda local, no billetes del Imperio. Eso sí, si pretendéis encontrar los restos carbonizados de los tíos de Luke o que en el cielo haya más de un sol, soñad despiertos. ¡Ah! Y no pretendáis usar el poder de la Fuerza con ellos para que no os cobren, este truquito seguro que ya les tiene hasta los coj... las narices.

EL REBELDE LUKE DESAYUNA JUNTO A TÍO OWEN Y TÍA BERU EN SU COCINA CON MARAVILLOSAS VISTAS AL PATIO DE SU GRANJA "TUNECINA"

EN ESTE PUEBLO SE ENCONTRARON UN BOQUETE HECHO EN EL SUELO Y PENSARON "VAMOS A PONER UN HOTEL AQUÍ, A VER CUÁNTO TARDA GEORGE LUCAS EN DARSE CUENTA".

the making of harry potter
londres (inglaterra)

Has visto las películas, te han gustado, te has vestido con el uniforme de Hogwarts, pero la lechuza que te has comprado lo único que hace es mirarte fijamente... Pues solo te queda realizar el Tour de Harry Potter en Londres. Se trata de un excurción para grandes y pequeños, magos y muggles, griffos y elfos domésticos (si deciden ir algún día) en el que podrás pasear por algunas de las zonas más míticas de dicha saga, ver el vestuario de las películas o saborear alguno de sus manjares. Desde el callejón Diagón al despacho de Dumbledore, pasando por la tienda de varitas de Olivanders, el rincón de los Weasley, o montándote en la moto de Hagrid. Observa cómo tiene decorado su despacho la neurótica Dolores Umbridge o tómate una cervecita de mantequilla en una tasca de la zona. También podrás relajarte en la sala común de Gryffindor o admirar el gran salón comedor donde las velas vuelan y los papeles se pasean por el aire para leerte los emails en voz alta.

AQUÍ SIRVEN EL DESAYUNO COMO EN LOS HOTELES DE LUJO, DE 7 A 9 DE LA MAÑANA; POR ESO NO HAY NADIE

EL DESPACHO DE DUMBLEDORE, LA CUCA CASA DE LOS WEASLEY, NO LE FALTA DE NADA A ESTE TOUR DE HARRY POTTER

museo videojuegos

Berlín, la capital de Alemania, acoge un museo único en el mundo, el dedicado a los "jugones" de todo el planeta videojuegos. Muy adictivo.

plaza yoda

De los estudios Industrial Light & Magic salieron los personajes de Star Wars, Jurassic Park, Toy Story... y por eso allí tenemos esta plaza.

festival de sitges

El Festival Internacional de Cinema Fantástico de Catalunya (en Sitges, Barcelona) es el primer festival de cine fantástico del mundo.

estatua mazinger z

Diez metros mide esta alucinante estatua del robot más mítico del anime japonés que se encuentra oculta en un parque de Tarragona.

andén 9 y 3/4

Si no te has hecho una foto en este andén en la estación de King's Cross (Londres, Inglaterra) es que no eres ni de Gryffindor ni de nada.

akihabara

El barrio "geek" de Tokio (Japón) es el paraíso de todo friki de los gadgets, el manga, el anime, los videojuegos, la robótica, etcétera.

electronic expo

La Electronic Entertainment Expo de Los Ángeles (California) junta a una muchedumbre de amantes de los videojuegos y la informática.

salón del manga

El de Barcelona es el evento sobre manga, anime y cultura japonesa más importante de España, seguidos de los de Madrid y Murcia.

avenida super mario

Si hay un personaje de videojuego que se merece una avenida, ese es Super Mario Bros. ¿Y qué mejor sitio para albergarla que Zaragoza?

doctor who experience

Un lugar, en Cardiff Bay (Inglaterra), donde disfrutar del mundo del "Doctor" como si de un viaje en el tiempo y el espacio se tratara.

czocha college

La escuela de Magia y Hechicería de Czocha (Polonia) ofrece cursos por 345 dólares muggle. Vuelo en escoba, quidditch... ¡de todo!

legoland

Existen seis parques temáticos de Lego en el mundo (Dubai, Dinamarca, Alemania, Inglaterra y dos en Estados Unidos). Una delicia.

ALEJO CUERVO RIEGER

Criatura – Amante de la Ciencia Ficción

Maestro y Señor de la librería Gilgamesh.

Siempre se ha caracterizado por tratar a la Ciencia Ficción con el respeto que merece.

Presenta esta carta en cualquier librería, te tratarán con respeto y lo mismo te regalan algo. Vulnerable a tocar los libros con las manos sucias.

CARLOS EZQUERRA

Criatura — Dibujante Indomable

"Dame papel y lapiz y diseñaré el mundo".

Es la prueba de que no hace falta ser japones o norteamericano para molar mucho.

Con esta carta podrás crear mundos oscuros y futuristas en menos de lo que Dredd da una hostia. Es vulnerable a que se le corra la tinta.

CELS PIÑOL

Criatura — Friki, dibujante y más friki

Hace de lo simple algo muy completo.

Firme defendor de que la nariz de un personaje nunca es demasiado grande.

Esta carta te da el poder de parodiar y homenajear casi cualquier estilo con gran presteza. Vulnerable a los pañuelos para la nariz.

DOUGLAS ADAMS

Criatura — Autoestopista Galáctico

La Respuesta siempre será 42.

No tiene reparo en destruir su popio planeta natal para construir una autopista.

Esta carta da libertad para viajar por todo el espacio. Imprescindible llevar una guía y una toalla. Sólo es vulnerable a la poesía vogona.

GARY GIGAX

Criatura — Padre de los Juegos de Rol

Puntos de Carisma infinitos.

El truco está en ir siempre con un par de dados mágicos que te marquen el camino.

Esta carta te da el poder de tomarte la vida como lo que es: Un gran juego donde tú eres el Director. Vulnerable a la monotonía y lo mundano.

GEORGE LUCAS

Criatura — Primer Caballero Jedi

Todo lo hace por la fuerza.

Empieza las cosas por la IV parte, de la VI pasa a la I, y tira porque le toca.

Si posees esta carta, aunque tengas un paro cardíaco y te divorcies, ganarás mucho dinero. Vulnerable al Lado Oscuro.

GUILLERMO DEL TORO

Criatura — Cineasta Friki

El Mejicano que triunfó en Hollywood.

Del Terror a las adaptaciones de cómics. Es "amiguete" de Santiago Segura.

Tiene el poder de convertir obras maestras en papel en obras maestras en celuloide. Vulnerable al ajo y las estacas.

GENERAL HAYATO TANI

Criatura — General de generales frikis

Tiene un estilo de humor muy amarillo.

Dirigió con presteza a innumerables legiones en su incansable lucha contra Takeshi.

Con esta carta, transformarás cualquier hamburguesa vulgar en otra flotadora de gomaespuma. Vulnerable a las puertas falsas que no se abren.

ISAAC ASIMOV

Criatura — Experto en Robótica

El Hombre que susurraba a los Robots.

Su legado afirma que Terminator nunca podría atacar a un humano, por Ley.

Esta carta vence a cualquier artefacto metálico, sin importar su tamaño o planeta de origen. Vulnerable al óxido.

H. P. LOVECRAFT

Criatura — Creador de Criaturas en sí

Primer miembro de la Nave del Misterio.

Al anochecer, invoca a sus criaturas para que se metan bajo la cama de los niños.

El poseedor de esta carta será como un hijo para Cthulhu, lo que evitará que éste lo devore vivo. Vulnerable a dejar la luz encendida.

STEVEN SPIELBERG

Criatura — Genio de la Ciencia Ficción

Lo que pueda imaginar, lo hará cine.

Se ha codeado con extraterrestres bonachones y dinosaurios peleones.

Mantiene encuentros en la tercera fase con aventureros guaperas y nazis que no son nazis. Vulnerable a la mordedura del tiburón blanco.

el friki se hace
frikis in love
sabiduría friki
24 horas en la vida de un friki
friki style
gourmet friki
infancia friki
dominación mundial
festividades frikis
test friki

STAN LEE

Criatura — Visionario del cómic

Creador incansable de personajes.

Nunca ha dejado de ser un niño y, a la vez, es el abuelo que todos deseamos.

El poseedor de esta carta ha de saber que "Un gran poder conlleva una gran responsabilidad". Sólo es vulnerable a los Simbiontes.

TERRY PRATCHETT

Criatura — Domador de Palabras

Oficial de la Orden del Imperio Británico.

El mundo es un disco sostenido por 4 elefantes sobre una tortuga estelar. Lo normal.

Esta carta te otorga el poder de crear tu propio mundo con la forma que te plazca. Vulnerable a regirse por las leyes de la Física.

J.R.R. TOLKIEN

Criatura — Diseñador de Mundos.

"Si te vuelve invisible, quédatelo".

Aunque los hobbits se llamen "medianos", son más pequeños que los enanos.

Si posees esta carta, por muy fea que se ponga la cosa, siempre vendrán las águilas a recogerte. Vulnerable a las espadas malditas.

Yo, friki

AMANECE UN DÍA MÁS EN LA CIUDAD.
CLARO, COMO SI YO VIVIERA EN BROOKLYN... MIS GANAS.
OJALÁ PUDIERA DECIR QUE MIS MAÑANAS EMPIEZAN DE UNA FORMA EMOCIONANTE, A LO "PERDIDOS".
SIEMPRE ALERTA, COMO EL HÉROE QUE SABE QUE ALGO ACECHA.
PERO LA REALIDAD ES SIEMPRE MÁS...
DECEPCIONANTE.
YO, FRIKI

NO LO NIEGO, TODO FRIKI QUE SE PRECIE DESEA VIVIR UNA VIDA QUE NO ES LA SUYA.
SER UN SOLITARIO JUSTICIERO GALÁCTICO.
UN ANTIHÉROE ACABADO.
O, ¿POR QUÉ NO? EL PRIMER JEDI
¡ADMITÁMOSLO! ¡TODOS HEMOS INTENTADO MOVER ALGO CON LA FUERZA!
PUES NO SE PUEDE.
AYER, SIN IR MÁS LEJOS, VOLVÍ A FORZAR A UNA ARAÑA A QUE ME PICARA.
Y, DE NUEVO, NADA.
BUENO, "NADA" NO. POMADA POR UN TUBO Y UNA ARAÑA MUERTA.

¡NO! NO TENGO EN MI ROPERO UN TRAJE DE SUPERHÉROE.
BUENO...
... NO, "EN EL ROPERO".
Y NO CREAIS QUE NO HE SOÑADO MÁS DE UNA VEZ CON ELLO.
LO RECONOZCO, HE VISTO "KICK ASS" MUCHAS VECES.
Y SI... LO HE HECHO, HE DISEÑADO MÁS DE UN "POSIBLE" TRAJE DE SUPERHÉROE.

Y SÍ... TENGO SELECCIONADAS ALGUNAS COSAS QUE "PODRÍA" PONERME.
Y SÍ...
¡ME LO HE PROBADO!
PERO LO QUE (SOBRE EL PAPEL) SE VE GENIAL...
EN EL MUNDO REAL NO RESULTA TAN... TERRORÍFICO.

QUE... ¿QUIÉN SOY YO?
¿DE VERDAD QUIERES SABERLO?

ME LLAMO TAPPY

AUNQUE ALGUNOS ME LLAMAN "TAPI"

OTROS "PAPI"

OTROS "EL TAPY"

OTROS "CAPI"

OTROS "YO A TI TE HE VISTO EN LA TELE..."

OTROS NO ME LLAMAN

OTROS "TAPIA"

OTROS "PUES NI PUTA IDEA TÍO..."

Y LO ENTIENDO. ES DIFÍCIL QUEDARSE CON LA COPLA. HE TENIDO TANTAS CARAS...

PERO LO QUE SIEMPRE HE SIDO ES "UN FRIKI"

UN POCO DE CULTURA

Friki:
Del inglés "freak" (extraño, extravagante)

Según la "**frikipedia**": Persona que, en estado de enajenación NO transitoria, siente un especial gusto por ciertos elementos, conductas y conocimientos considerados "raros" por la sociedad.

Me gustaría dejar a un lado esta definición y abordar el "frikismo" desde el cariño. Hoy día parece que todo el mundo que sepa mucho de algo es un "friki". Así que esto va para TODOS.

¡Despierta el **Friki** que hay en ti!

MÁS ALLÁ DE MEROS FORMALISMOS, DEJAD QUE ME DEFINA POR LO QUE TENGO EN CASA. DESPUÉS, JUZGAD VOSOTROS.

DARDO

EL CASCO DE DARTH VADER.

UN LEGO-DIORAMA DE "THE HOBBIT".

MARIO KARTS.

CUADERNOS VARIOS.

MUCHOS MUÑEQUITOS.
COSAS VINTAGE.
UNA PRECIOSA PARED DE "ANGRY BIRDS".
YODA... ¡CÓMO NO!
JUEGA CON CULTURA
FRIKI
¿Crees que eres el que más sabe de tus amigos?
JUEGOS CÚPULA
CULTURA GENERAL.
UNA LATA DE SOPA CAMPBELL'S.
Campbell's
Tomate
Pomodoro
SOUP
SIN ABRIR, SÓLO 'PA' DECORAR.
TOP FIGHTERS
Y MÁS FRIKADAS, PERO TAMPOCO QUIERO QUE ME ODIÉIS POR ENVIDIA...

BUENO, SÓLO UNA COSA MÁS.
EL RINCÓN DEL GUERRERO.

POR SUPUESTO, SI NO TENGO ALGO, YA ME LAS INGENIARÉ PARA CONSEGUIRLO.

AQUÍ NO HAY TRAMPA NI CARTÓN. LAS SIGUIENTES FOTOS NO ESTÁN HECHAS PARA ESTE CÓMIC, SON REALES, SACADAS DE MI MÓVIL TRAS AÑOS Y AÑOS DE HACER EL GILIPO__AS EN TIENDAS DE ROPA Y RATOS LIBRES.

Y, AUNQUE NO LO CREÁIS, NO SOY NI LA MITAD DE FRIKI QUE VOSOTROS LA MITAD DE LO QUE DESEARÍA, Y LO QUE DESEO SERLO ES MENOS DE LA MITAD DE LO QUE LA MITAD MERECÉIS. EH... QUIZÁS DEBERÍA EXPLICAR ESTO UN POCO MEJOR:

PERO ES QUE ESO ES SER FRIKI: UNA AVENTURA POR DEFINIR. SERLO TODO Y NADA A LA VEZ. NO DEJARTE DEFINIR POR ESTEREOTIPOS. SER TÚ MISMO, SIN IMPORTAR LAS OPINIONES...

... SIN PLANEAR QUÉ TE TOCARÁ SER EL DÍA SIGUIENTE.

11

el friki se hace

...porque nacer es fácil

¿Qué os pensáis? ¿Que se nace siendo friki? De eso nada. Podrás nacer teniendo un oído portentoso para la música y convertirte en un niño prodigio como Mozart. Podrás nacer con “tó el arte der mundo” y ser un pintor que cree cuadros impresionantes con un pincel y acuarelas del chino de la esquina con una sola mano mientras se rasca el culo con la otra. Pero para recordar toda la banda sonora en japonés de una serie de animación que se emitió en los ochenta o matar un un mago-guerrero de nivel 35 con tan solo una espada bastarda +2 necesitas ser un ¡GRANDÍSIIIIMO! friki. Y el friki no nace, se hace, PEQUEÑO PADAWAN. Para llegar a ser un ¡GRANDÍSIMO! friki deberías tener en cuenta que es una filosofía de vida y que tienes que seguir unas pautas y reglas muy concretas.

UN/A FRIKI SIEMPRE SE VERÁ IMPULSADO A HACERSE FOTOS CON CARTELES GIGANTES DE MEGAN FOX O DIVA O GUAPERAS FRIKI SIMILAR... ES ALGO QUE ESCAPA A SU CONTROL

UN FRIKI CUANDO LLEGA A CASA DEJA EL LLAVERO EN SU SITIO (TODO FRIKI TIENE UN ORDEN PERFECTO DENTRO DE SU PROPIO CAOS)

UN FRIKI SABE QUE "LA NOCHE ES OSCURA Y ESTÁ LLENA DE TERRORES", Y POR ESO SIEMPRE ESTÁ PREPARADO PARA TODO

EDGAR ALLAN POE

ESCRITOR ATORMENTADO

(1809-1949) Especialista en relatos cortos de terror y ciencia ficción y renovador de la novela gótica, es una de las mayores influencias para la literatura del siglo XX, e inspirador de Baudelaire, Kafka, Lovecraft, Stephen King, Tim Burton... y Poe Books (por eso es el primero de la lista).

top100frikis

ADA LOVELACE

MADRE DE LA INFORMÁTICA

(1815-1852) Digna hija de Lord Byron, poeta, escritora y matemática. Sin ella, la informática no existiría. Creó un algoritmo destinado a ser procesado por una máquina, la máquina analítica de Babbage, lo que años más tarde se desarrolló en el mundo de los ordenadores.

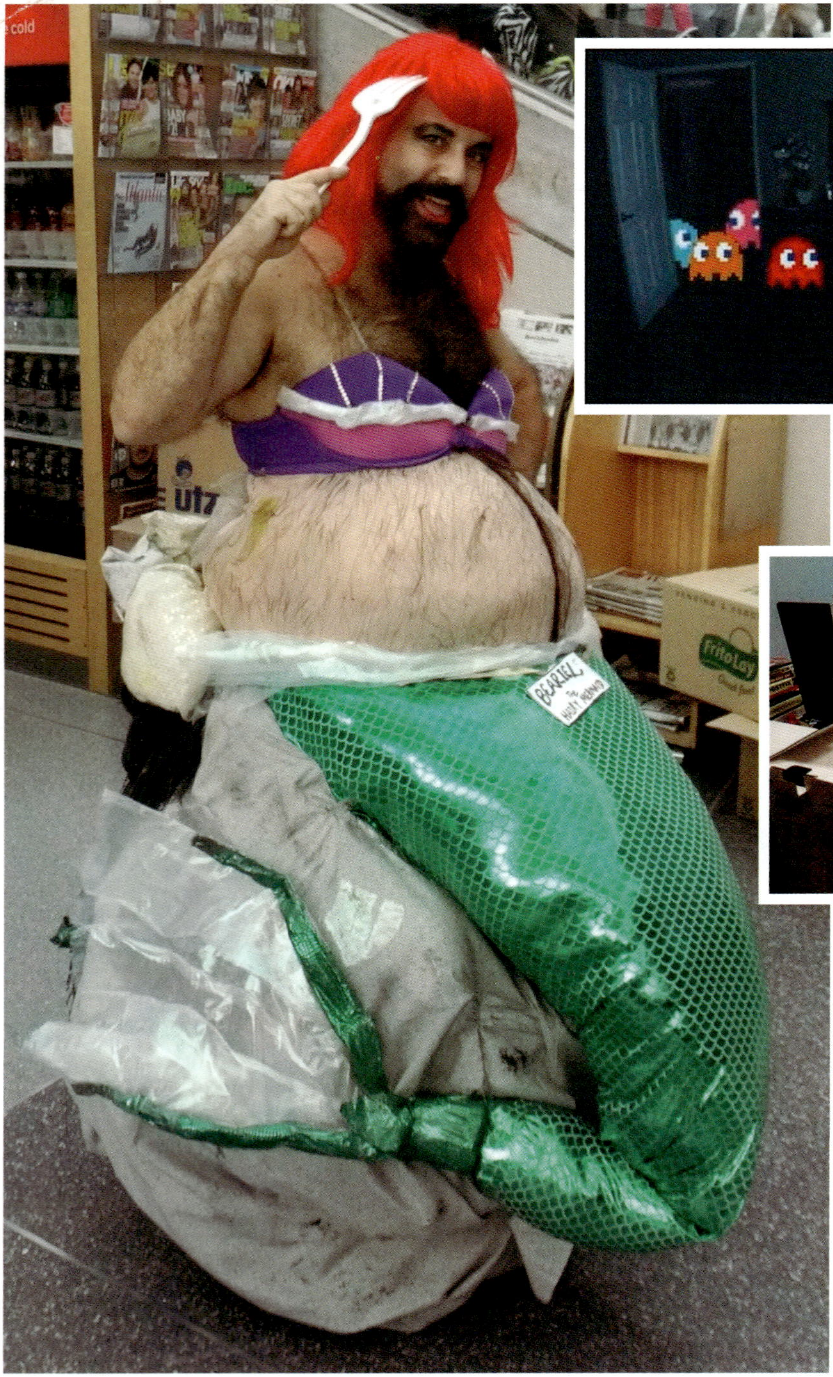

UN FRIKI ENTIENDE DE TEMAS QUE PARA EL RESTO DE MORTALES O BIEN NO TIENEN INTERÉS O SON DEMASIADO COMPLICADOS PARA SUS MENTES, COMO POR EJEMPLO LA ACTIVIDAD PARANORNAL

UN FRIKI AL VER ESTAS CAJAS SIEMPRE PENSARA QUE ESTÁN TRAMANDO ALGO... MALÉFICO

UN FRIKI SE DESCOJONARIA DE ESTA IMAGEN PORQUE ENTIENDE EL CHISTE Y LE PARECE BUENÍSIMO

NO
TRATES COMO
MAGO
A QUIEN
TE TRATA COMO
MUGGLE

UN GRANDISIMO FRIKI SOPESARÍA LA POSIBILIDAD DE TATUARSE ESTA FRASE... Y SE LA TATUARÍA

CAPITÁN SPIDERMAN AMÉRICA... ¿DÓNDE ESTÁ PROHIBIDO?

ADAM WEST

EL PEOR BATMAN

(1928) Protagonista en la serie de TV "Batman" de los sesenta. Tras ella no consiguió arrancar su carrera, por lo que acabó realizando doblajes interpretando a Batman en series como "Los Simpson" o en videojuegos para PC. Puede que sea el peor Batman de la historia, pero se ha convertido en un mito.

top100frikis

AKIO MORITA

NOS DIO LA PLAYSTATION

(1921-1999) Aunque este señor trajeadoy serio no parezca desde luego muy friki, es una persona fundamental en el frikismo. Morita fue un físico y empresario japonés, cofundador de Sony, que nació en Nagoya, en el seno de una familia que poseía una ancestral fábrica de sake... !aah,sí!

derechos y deberes del friki

Esto es en resumen de una vida dedicada al frikismo. Quiero hacer una anotación por si el artículo 10 y el de ambos decálogos os produce intranquilidad (no es para menos): los frikis sabemos que más tarde o más temprano (la intuición me dice que será más temprano que tarde) dominaremos el mundo. Eso sí, no sabemos exactamente qué mundo será el afortunado (la teoría del multiverso es lo que tiene), pero somos pacientes...

derechos

I DERECHO A SER MÁS FRIKI

II DERECHO A QUEDARSE EN CASA

III DERECHO A NO TENER PAREJA Y SER VIRGEN HASTA LA EDAD QUE SEA

III.I DERECHO A, SI TIENE PAREJA, INTENTAR CONVERTIRLA EN FRIKI (EN CASO DE QUE NO LO SEA)

IV DERECHO A NO GUSTARNOS EL FÚTBOL NI EL DEPORTE EN GENERAL

V DERECHO A LA ASOCIACIÓN FRIKI

VI DERECHO A TENER POCOS AMIGOS (O NINGUNO)

VI.I DERECHO A TENER TODOS LOS AMIGOS FRIKIS QUE SE QUIERAN

VII DERECHO A NO IR A LA MODA (UNA CAMISETA DE HOMER ES IR SIEMPRE A LA MODA)

VIII DERECHO AL SOBREPESO Y A LA MIOPÍA

IX DERECHO A EXHIBIR EL PROPIO FRIKISMO

X DERECHO A DOMINAR EL MUNDO

X.I Y CUANDO DOMINEMOS EL MUNDO VENGARNOS CRUELMENTE DE LOS QUE NOS LLAMAN FRIKIS

deberes

I SER FRIKI, A PESAR DE TODO

II SER MÁS FRIKI QUE OTRO FRIKI

III SI HAY ALGUNA DISCUSIÓN SOBRE TEMAS FRIKIS, DAR TU OPINIÓN

IV SALVAGUARDAR EL MATERIAL FRIKI DE "PERSONAS DESACONSEJABLES" (NIÑOS, LIMPIADORAS COMPULSIVAS...)

V EXPONER EL MATERIAL FRIKI COMO SI FUERA UN "MUSEO DEL FRIKISMO"

VI NO SER FRIKI DE TODO, HAY QUE ESTAR ESPECIALIZADO EN ALGO

VII IR AL ESTRENO DE UNA PELÍCULA FRIKI Y COMPRAR ANTES QUE NADIE UN LIBRO O DVD FRIKI.

VIII ESPERAR COLA ANTE UN ESTRENO FRIKI, AUNQUE HAYA POSIBILIDAD DE TELECOMPRA DE ENTRADAS

IX NO DESPRENDERSE NUNCA DE NADA NUNCA RELATIVO AL MUNDO FRIKI, AUNQUE SEA UN ENVOLTORIO ARRUGADO

X INTENTAR DOMINAR EL MUNDO

AKIRA TORIYAMA

KAME HA ME HA

(1955) Dibujante de manga, su primera creación fue "Dr. Slump", y tuvo tanto éxito que pocos meses después se estrenó el anime. La serie que le hizo superfamoso fue sin duda "Dragon Ball". Sus personajes Arale y Son Goku son iconos del frikismo en todo el mundo mundial.

top100frikis

ALAN MOORE

V DE VENDETTA

(1953) Escritor y guionista de cómics británico, es el creador de maravillas modernas tales como "Watchmen", "V de Vendetta", "La Liga de los hombres extraordinarios" o "Desde el Infierno"... Anarquista de convicción, siempre carga sus historias de gran cantidad de consignas políticas.

cómo detectar a un friki

¿Es mi novio/a un friki? ¿Cómo reconocer a un/a friki? ¿Quién la tiene mas larga, Obi-Wan o Qui-Gon Jinn (la espada láser, claro)? Estas y otras preguntas clave de la humanidad quedan desveladas con estos ocho puntos fundamentales para comprender o detectar a un friki de pro.

1

un friki siempre es más friki que los demás frikis

Un friki siempre lo es mas que los demás, si un amigo tuyo tiene una maqueta de la Estrella de la Muerte en su habitación, tú tienes que tener una de Minas Tirith en tu terraza a escala 1:4. Y con sus orcos y todo.

DOS GOKUS DE PAPELCRAFT, ¿CUAL DEBERIA SER EL TUYO Y CUAL EL DE TU AMIGO?... ¡EXACTO!

2

los frikis hablan raro

Los frikis hablamos raro (klingon, élfico, ewok, binario, inglés, japonés del periodo Edo...). Los mortales no suelen entendernos, lo que incide negativamente en nuestras relaciones sociales (eso es lo que dicen ellos).

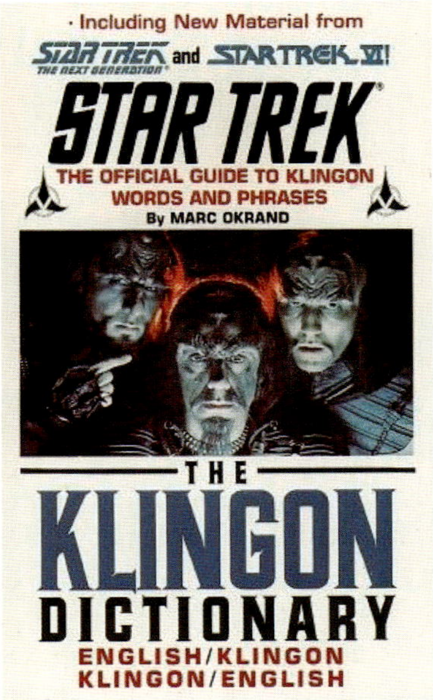

"EN REALIDAD MIL PALABRAS VALEN MUCHO MÁS QUE UNA IMAGEN; Y ADEMÁS CARGAN MUCHO MÁS RÁPIDO"

3

el sol, ni verlo

Un friki de verdad es tan pálido como Elrich de Melnimoré (hasta los que son de otra raza que no sea la caucásica), y esto es porque la luz natural afecta nuestros genes vampíricos, élficos o similares. Otros estudios indican que la causa más probable es que nos pasamos el día discutiendo en foros con nuestros amigos finlandeses sobre el sexo de los enanos (porque todos son rudos y tienen barba y eso confunde) o bien jugando al LOL.

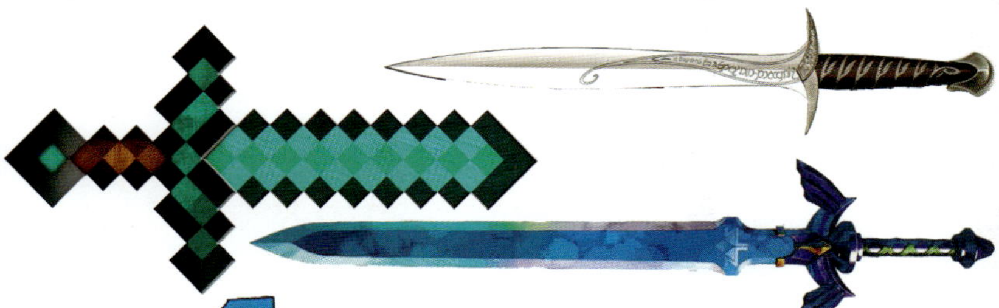

4 hay casi más sectas y grupos que frikis

Los frikis somos muy sectarios cuando nos reunimos: los fans de Star Wars tratan de usar la Fuerza; los de El Señor de los Anillos se ocultan tras sus capas élficas; los roleros realizan tiradas de salvación; y los gamers tratan de ejecutar algún cheat (trampa) que les dé vidas infinitas o el megacañonlanzamisilesaniquiladores. Naturalmente, estos combates solo tienen lugar en la mente de los frikis...

ALEJO CUERVO

ÉL ES LA FANTASÍA

(1959) Editor y actual director de Ediciones Gigamesh. Desde su infancia desarrolló un gran interés por la novela de fantasía y ciencia ficción, por lo que abrió la mítica librería Gigamesh de Barcelona. Es un personaje de referencia en el mundo de la ciencia ficción y la fantasía española.

top100frikis

ALEX DE LA IGLESIA

UN GRAN FRIKI

(1965) Uno de nuestros más grandes frikis es licenciado en Filosofía, pero se dedicó al cine y al cómic. Y ahí están "Acción mutante", "El día de la bestia", "La comunidad", "Balada triste de trompeta"... Se pasó todo el rodaje de "Los crímenes de Oxford" llamando "Frodo" a Elijah Wood.

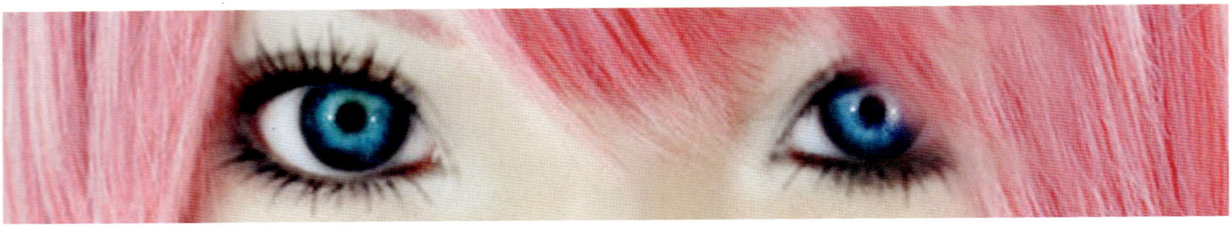

5

friki fashion geek

Los frikis tenemos una especial predilección por adecuar el vestuario a nuestras aficiones. Así, puede verse en las colas para comprar entradas para un estreno a tíos disfrazados de Jedi, orco, elfo, mortífago o de unicornio con alas ya puestas, simulando combates con sables de luz, lanzando flechas a los transeúntes cual Légolas o haciendo como que lanzan maldiciones cruciatus a diestro y siniestro: «La Fuerza en ti está, joven taquillero, yo entrenarte podría».

IMPRESIONANTE MODELITO A LO ELEKTRA, CÓMODO A LA VEZ QUE FORMAL, PARA CUALQUIER ESTRENO DE PELÍCULA FRIKI

6

el dios merchandising

Solemos atesorar (la palabra "coleccionar" se nos queda pequeña) gran cantidad de merchandising y recuerdos relacionados con nuestras aficiones frikis como la caja megaedición de Luxe de El Señor de los Anillos que incluye 16 DVDs y una réplica de Gollum que insulta, patalea y se te hace pis en la alfombra si no la sacas a pasear.

EL ESLOGAN DECÍA, "HAZTE CON TODOS"... Y JODER SI SE HIZO

7 la fuente de su frikismo

FRIKIS ALEJADOS DE SUS FUENTES DE FRI-KISMO

Un friki nunca está mucho tiempo alejado de la fuente de su frikismo (tienda de cómics, cine, internet, club de rol, etc.). Una ausencia prolongada de exposición a sus fuentes de energía friki pueden provocar alucinaciones, insomnio, ganas de ir a misa y cantar el último exito de Pablo Alborán... (a mí me paso, fue horroroso).

8 las muchas y variadas mecas del frikismo

Es por todos los frikis sabido que un friki debe peregrinar al menos una vez en la vida a alguno de los lugares santos del frikismo. Algunos de estos ejemplos de lugares sagrados son: Nueva Zelanda (localizaciones donde se rodó El Señor de los Anillos), el rancho Obi-Wan, el barrio de Akibahara, la Cómic-Con de San Diego, la Electronic Entertainment Expo de Los Ángeles, las GenCon en USA, especialmente el santurario donde se guarda el D20 incorrupto de Gary Gygax (creador de Dungeons&Dragons)... Ver capítulo 10.

ALFONSO AZPIRI

EROTISMO FANTÁSTICO

(1947) Historietista e ilustrador español, creador de historietas cono "Zephyd", de fantasía heroica, y "Lorna", de ciencia ficción erótica. Ha ilustrado carátulas para videojuegos y programas de software y ha dibujado diversos carteles de eventos como el del Expocomic 2005.

top100frikis

ARNOLD SCHWARZENEGGER

SAYONARA, BABY

(1947) El "Chuache" es otro de los grandes de nuestra lista. Sus músculos, los más famosos del cine norteamericano, le han valido para hacerse con papeles como los de "Conan el Bárbaro" o "Terminator", y también ha tocado la comedia. Y encima ha sido "Gobernator" de California.

tipos de friki

DIBUJOS @PAU GÁMEZ

frikis menores

Meros peones, simples iniciados manejados por los frikis auténticos. Un estado por lo que los futuros grandes frikis tienen que pasar...

frikis comunes

Les gusta el anime, los juegos de rol, la ciencia ficción, los cómics... pero son frikis del montón.

frikis fantasy

Viven encerrados en un mundo medieval, lleno de magia, dragones y elfas cachondas del que no pueden salir (tampoco es que quieran). Les gusta Iron Maiden.

geeks

Su nivel de sabiduría es equivalente al de los frikis comunes, pero lo han concentrado en algo útil como la tecnología, lo cual provocan que muchos tengan hasta dinero.

frikrazy

Adolescentes muy alocados (de ahí el nombre ("frik-" de "friki" y "-razy" de "crazy", "loco" en español). Pasan desapercibidos entre los "normales" pero cuando los conoces te das cuenta de que están más locos que una cabra y son más frikis que acabarse el Monkey Island en coreano y del tirón. Son muy aficionados a los libros de fantasía.

kawaiifreak

Niñas "bien" o "de papá" que empiezan leyendo a Harry Potter, pasan a la ciencia ficción para terminar interesadas en animes y mangas, cosplays y algunas veces también dándole a la informática u obsesionándose en recoger firmas para tal o cual cosa en webs y redes sociales. A diferencia del friki normal, estas chicas suelen vestir bien y se preocupan por su aspecto, la gran mayoría están en colegios o universidades privadas, tienen un lenguaje muy kawaii con términos frikis y japoneses. Son consideradas también como "hembras frikis para expandimiento y relajación" o "amigas friki con derecho a roce".

ARTHUR CONAN DOYLE

ELEMENTAL, QUERIDOS

(1859-1930) Ejerciendo como médico se dedicó a escribir las aventuras de Sherlock Holmes, que le harían pasar a la historia de la literatura. No le tenía ningún cariño al personaje y decidió matarlo en "El problema final". Diez años después el personaje reapareció en la novela "La casa vacía".

top100frikis

BENNY HILL

ESA MUSIQUILLA...

(1924-1992) Alfred Hawthorn Hill fue durante 20 años el alma de "El show de Benny Hill", un popular programa británico de sketches en el que eran famosas sus calenturientas persecuciones al son de esa clásica música que nunca nos podemos quitar de la cabeza cuando corremos en círculo.

Nombre: Marcelline García
Estudió en: AED
Idiomas: Español, Inglés, Alemán Francés, Japonés y algo de Chino.
Intereses: Música, toco el bajo. Fotografía, soy modelo. Videojuegos: LOL, Wow Animación, cómic, series

pseudofrikis o frikis de postureo

El friki o la friki que se preocupa mínimamente de su aspecto exterior, que tiene vida social y estudios superiores. Siguen tendencias japonesas, lo emo o lo heavy. Tambien se ha dado al caso encontrar frikis con indumentaria pija, considerandose frikis ellos mismos y enorgulleciéndose de ello. Gran conocimiento musical, facilidad para lenguas y pueden presentar afinidad a política o teología. También les gusta aventurarse por la red en busca de páginas frikis o foros de rol.

frikiwesteros

Frikis obsesionados única y exclusivamente con todo lo relacionado con Juego de Tronos. Están locos y te rebanarán el cuello si te descuidas.

frikinmortal

Personas que no tienen vida social y se pasan días y noches jugando o hablando de cualquier juego de rol, RPG, aventura gráfica o de estrategia.

lords frikis

Los frikis por excelencia, los putos amos que se meten en los centros comerciales y se van a jugar a los videojuegos de prueba. Los Lords Frikis son insuperables en cualquier juego, foro, discusión o manejo de cualquier arma. Son supremos en todo lo que hacen, ya que son enciclopedias andantes de cualquier tema friki.

frikis legendarios

Una categoria de frikis extinta, se cree que todos fueron destruidos cuando termino Evangelion. Sus aficiones eran: Dragon Ball, Dr. Slump, Cartas Magic, internet, la Frikipedia, los videojuegos (así sin más, todos y cada uno de ellos), Star Wars y cualquier aficion que se pueda considerar friki sin más. Se les ha visto con los ojos rojos de estar todo el rato pegados al ordenador mientras juegan a las Magic ellos solos.

masters frikis

También llamados Frikis eruditos, son la fuente suprema del conocimiento. Otro dato a destacar es su capacidad de memoria (tienen varios teras de almacenamiento), pues son capaces de memorizar todas las reglas de cualquier juego en pocos minutos e interpretarlas sin ningún tipo de fallos. Y por ello son muy odiados.

BILL MURRAY

ESA MARMOTA...

(1950) Otro gran actor cómico de los ochenta surgido de las fauces de "Saturday Night Live". Clásicos como "Atrapado en el tiempo", "Los fantasmas atacan al jefe" o "Los Cazafantasmas" hacen de él uno de nuestros frikis favoritos. Es uno de los habituales del peculiar director Wes Anderson.

top100frikis

BRUCE CAMPBELL

UN CAZAMONSTRUOS

(1958) A este actor (aunque podríamos llamarle "personaje") lo reconoceréis como Ash, el tipo que cambió su mano por una motosierra en la trilogía "The Evil Dead" de Sam Raimi, lo que le llevó a hacer tres cameos en la saga de Spiderman, interpretando tres personajes diferentes.

sabes que eres friki...

...cuando vas a comprar ropa y piensas en cómo subirán tus **ESTADÍSTICAS DE CARISMA** y agilidad con ellas.

...cuando te dicen que eres un friki y les contestas que en realidad eres **GUERRERO DE NIVEL 30**.

...cuando no distingues un francés de un alemán, pero no tienes problemas para distinguir un elfo **VANYAR** de un elfo **NOLDOR**.

...cuando intentas explicar a tu novia por qué **BUFFY** es parecido a **CREPÚSCULO**, aunque al contrario que esta, sí mola.

...cuando le pides a tu amigo guiri que hable en su idioma para que parezca **ÉLFICO** o **KLINGON** para ambientar el bar donde estéis.

...cuando en un examen tipo test de la facultad te saltas las preguntas **4, 8, 15, 16, 23 Y 42** para hacerlas al final.

...cuando descubres que puedes situar **STORMWIND** en un mapa de **AZEROTH**, pero dudas al situar Cuenca.

...cuando eres el último de tus amigos en salir de la sala del cine por si hay **ESCENA FINAL** después de los créditos.

...cuando lo haces a sabiendas de que no hay ninguna escena final, sino porque quieres ver cómo se llaman los **DOBLES** de los actores.

...cuando preguntas en la tienda tuning si tienen **CONDENSADORES DE FLUZO**.

...cuando el **MANUAL DE INSTRUCCIONES** del videojuego que estás jugando es tu libro de cabecera.

...cuando sabes quiénes son **JOHN WILLIAMS** y **DANNY ELFMAN**, los diferencias y además sabes que ninguno de los dos compuso la banda sonora de El Señor de los Anillos.

...cuando alguien te hace la típica pregunta de "¿qué te llevarías a una isla desierta?", tú contestas "**A JOHN LOCKE**".

...cuando aprendes a diferenciar el **VERDE ORCO** y el **VERDE HULK**.

...cuando te tocas pensando en **ELFAS DE GRANDES PECHOS** y/o **GUERREROS FUERTES Y MUSCULADOS**, ¡cochinote/a!

...cuando llamas al Red Bull "**POCIÓN DE RESISTENCIA**".

...cuando consigues reproducir con una gran exactitud en **LOS SIMS** a ti, a tus amigos, tu casa y la de ellos, las relaciones entre vosotros y luego los mezclas con personajes de series de ficción que también has creado en el juego.

...cuando estás hasta los cojones del trabajo o de no tenerlo y piensas que la ira lleva al odio, y este al **LADO OSCURO**.

...cuando prefieres acumular los libros en el suelo formando torres para poder poner **FIGURAS DE ACCIÓN** en la estantería.

...cuando en el colegio, en lugar de la flauta, querías aprender a tocar la **OCARINA**.

...cuando no le quitas el **PLÁSTICO** al suplemento semanal del periódico para que no pierda valor.

...cuando diferencias entre una armadura de **PLACAS** y otra de **MALLA**, pero eres incapaz de diferenciar un polo de un jersey.

...cuando entiendes el 90% de los **CHISTES** de The Big Bang Theory.

...cuando dejas de comprar muñecos para pasar a comprar "**FIGURAS DE ACCIÓN**".

...cuando puedes parar cualquier conversación enlazándola con cualquier tema friki de manera "**COHERENTE**".

...cuando notas **PERTURBACIONES EN LA FUERZA** al comienzo de un examen o jornada laboral.

...cuando la rima simple no es lo primero que piensas al oír el nombre de **ÍÑIGO MONTOYA**.

...cuando piensas en qué momento aprendió **SKYNET** a saltarse las tres leyes de la robótica.

...cuando sabes que estás ante un igual cuando alguien reconoce de qué vas **DISFRAZADO** en carnavales.

...cuando distingues entre una película **CUTRE** y una **CUTRE-GENIALIDAD**.

...cuando has dedicado bastante tiempo a pensar en las ventajas y desventajas de tener un **SUPERPODER**.

...cuando haces cualquiera de las cosas anteriormente mencionadas espontáneamente y no sientes **NINGUNA VERGÜENZA** por ello.

...cuando te hace gracia más del **50%** de lo escrito anteriormente.

BRUCE LEE

EL DRAGÓN

(1940-1973) Actor, escritor, filósofo ("Be water, my friend") y especialista en artes marciales. Creó un nuevo método de combate, el jeet kune do. Su filmografía es de escasa calidad pero brilla por la lucha, fuerza y rapidez. En la película "La furia del Dragón" tiene lugar su mítico combate a muerte con Chuck Norris.

top100frikis

BRUCE WILLIS

YIPI KA YEI

(1955) Ha salvado a la Tierra de su destrucción en más de una ocasión. En "Armageddon" nos libró de un asteoride y en "El Quinto Elemento" de un malvado planeta negro. Pero para muchos siempre será John McClain, el gruñón y sucio protagonista de "La Jungla de Cristal".

tribus frikis

El hombre es un animal social, que desde la era primitiva se ha "arrejuntado" en clanes familiares. Pues los frikis, como "animales" que son también, han formado desde los albores de los tiempos sus propios grupos, sus propias tribus, que pasamos a relatar a continuación...

trekkies

sin ellos el frikismo no existiría

Los trekkies son los frikis primigenios. Están por encima, no puedes compararlos con los frikis mundanos de clase baja. ¿Y por qué afirmo esto? Sencillo. Cuando uno piensa en un friki, le viene a la mente ese chico gordito, con barba y poca vida social. Actualmente los frikis sí tienen vida social... con otros frikis. Pero, ¿dónde esta el origen? ¿De dónde sale el estilo de vida de los gamers, frikis de fantasía épica o Star Wars o los frikis de las series? ¿Quiénes fueron los primeros en reunirse a venerar una serie y adorarla? ¿Disfrazarse como sus personajes y analizarla hasta la saciedad como hacemos hoy por ejemplo los frikis de Lost? Exacto, los Trekkies.

Un friki, por muchos videojuegos que domine, por muchas series que vea, jamás superara a un Trekkie. Gente desde la adolescencia hasta la cincuentena que se reúnen, se disfrazan y hacen grandes eventos relacionados con su serie, Star Trek. Una serie mítica que siempre tiene cosas nuevas, películas, series animadas, etc. Los Trekkies son para los frikis mundanos lo que era el Olimpo para un ciudadano griego. Para ser un Trekkie hay que aprenderse de memoria todos sus capítulos, todas sus películas, e incluso llegar a dominar el vulcaniano o el klingon con soltura. Yo nunca osaría ser igual que ellos, pues son los "culpables" de que el frikismo sea hoy lo que es. Ellos fueron los primeros en encerrarse en su casa a ver series, y en hacer asociaciones y quedadas para hablar de su mundo favorito. Es por eso que todos somos hijos de los Trekkies y si no estas de acuerdo... ¡DESMIÉNTEMELO!

¡LARGA VIDA Y PROSPERIDAD! ¡OÉ, OÉ, OÉ, WE ARE THE TREKKIES! (OBAMA INCLUIDO)

¿QUEDAMOS ESTA NOCHE PARA TOMAR UNOS BATIDOS DE FRESA Y ECHAR UNOS RELINCHITOS? UF, ¡QUÉ PLANAZO, COLEGA!

bronies y pegasisters

Aunque parezca difícil de creer, existe una tribu urbana que se dedica a adorar a los ponis. Se hacen llamar "Bronies" (un acrónimo de "Brothers" y "Ponies"), y son hombres y mujeres adultos que rinden culto a los personajes de la serie animada My Little Pony: Friendship is Magic. A las mujeres fanáticas de los ponis se las conoce como "Pegasisters". Para parecerse a un poni se visten con alas, cuernos y orejas de colores. La comunidad Brony se creó en 2010 en Estados Unidos, y actualmente cuenta con representantes fieles en todo el mundo, incluida España. Sus miembros realizan convenciones cada año, coleccionan todo tipo de merchandinng relativo a la serie, crean tumblrs, páginas de Facebook y blogs que saturan con dibujos y demás obras de "arte" alrededor de My Little Pony, se tatúan estas míticas criaturas y hasta se disfrazan como ellas. Así, no es raro ver en las reuniones de Bronies hombres y mujeres vestidos con orejas de colores, alas y cuernos. Pero la comunidad Brony asegura ir más allá de lo superficial al reproducir los valores que transmite la serie: el amor y la tolerancia. Aunque en realidad yo creo que son todos unos fetichistas de todo lo equino y

CARLOS EZQUERRA

...O L.JOHN SILVER

(1947) También conocido como L. John Silver, es un dibujante de historietas español que trabaja principalmente para el mercado británico. Es principalmente conocido por ser el cocreador de Judge Dredd...y el causante de que empezara a estudiar inglés solo para leer sus cómics.

top100frikis

CAROLINA JIMÉNEZ

FRIKI EN LA TIERRA MEDIA

Arquitecta de carrera, infografista y creadora de efectos 3D, ha trabajado para películas como "Planet 51", "Happy Feet", "Guerra Mundial Z", "Prometheus" y la saga de "El Hobbit". Y todo porque un día pensó que "si ellos pueden, yo también". Además se reconoce como una superfriki.

whovians
un ejército mundial

"Whovian", señores, es el término con el que nos referimos a la persona declarada fan del carismático personaje conocido como El Doctor, protagonista de la serie Doctor Who. Para aquellos que no lo sepan, se trata de una serie británica, uno de los mayores éxitos de la historia de la BBC.

En CONSTANTE crecimiento debido a la importancia que ha tomado la serie (gracias a internet), los Whovians son actualmente un gran ejército mundial en algunos países como Gran Bretaña y USA. Cuentan con sus propias convenciones de fans dedicadas exclusivamente al tema del y aquí en España ya tienen un gran número de adeptos que fomentan los valores inspirados en la ciencia y la filosofía de la serie.

¿Edades? No importa. Desde los más jovenes Whovians hasta aquellos que han seguido la serie desde sus inicios (años cincuenta) y ya cuentan con muchas canas encima, la pasión por el Doctor Who es la misma....Y no es raro, porque simplemente la historia TE ATRAPA... Sí, querido friki, Dr. Who es "altamente adictivo" y seguir el camino del whovian te puede llevar a una gran erudición... y a usar pajarita y fez rojo.

A CUALQUIER WHOVIAN QUE SE PRECIE DE SERLO LE ENCANTARIA QUE LO ENTERRARAN EN UNO DE ESTOS...

steampunks
adoradores de la revolución industrial

Sus seguidores visten corsé, encajes, tocados, sombreros, chalecos, pantalones bombachos... Se ambientan en la era victoriana británica, una época que destacó por la revolución industrial y del ferrocarril. El Steampunk es un género de fantasía y ciencia ficción cuyas obras se remontan a un mundo donde la principal fuente de energía es el vapor ("steam" en inglés). Lo de "punk" viene a cuento de las expresiones artísticas, literarias e ideológicas que nacieron gracias al despertar de la música (y filosofía) punk a mediados de los setenta. Y todo ello mezclado con inventos tecnológicos ficticios o elementos de ciencia ficción. Escritores como Julio Verne (qué decir de él que no sepas) o H.G. Wells, uno de los precursores de la ciencia ficción con obras como La Máquina del Tiempo o La Guerra de los Mundos, son algunos de los referentes del steampunk.

VICTORIAN POWER! TODO LO QUE HUELA A LA INGLATERRA DE FINALES DEL S.XIX VALE...

CASSANDRA PETERSON

INOLVIDABLE ELVIRA

(1951) Su personaje televisivo Elvira, del que se filmó una película, aparte de hacerla famosa casi consigue que millones de frikis nos quedaramos tisicos y ciegos de tanto darle al sable láser, con su bata gótica de gran escote como anfitriona de una presentación semanal de películas de

top100fri

CELS PIÑOL

EL AMIGO FRIKI

(1970) Historietista e ilustrador, escritor, creador de juegos y pozo de conocimientos frikimales infinitos. Autor de la popular serie "Fanhunter", entre otras, desarrolladas en forma de cómic, novelas, juegos y merchandising en diversas editoriales. El amigo friki que sin duda todos querríamos tener.

la legión 501 garrison

buenos villanos

Los fans de Star Wars vienen de una gran variedad de entornos, pero no importa los diversos que puedan ser, los lazos entre ellos se vuelven evidentes cuando se juntan para celebrar su pasión por la mitología moderna creada por George Lucas. Algunos fans coleccionan figuras de acción... mientras otros QUIEREN SER figuras de acción. Nada prédica mas tu afición que el construir tu propia réplica detallada de un traje de un villano clásico de Star Wars, y no hay nada como el sentimiento de haber traído a la vida a los personajes de aquellas galaxias tan lejanas en el mundo real y compartir la magia con otros, especialmente los niños.

La Legión 501, también conocida como "El puño de Vader", es una organización altruista presente en todo el mundo creada por y para los fans de Star Wars. Es el grupo de fans de la saga mas grande del mundo poseedores de trajes y armaduras del Imperio (y algún que otro rebelde despistado). Su trabajo en pro del Universo de Star Wars y labor social se han ganado el reconocimiento del mismo George Lucas, y cada vez son más los fans que se unen a las filas del Imperio.

La Legión 501, aunque nació con el objetivo de promocionar el universo Star Wars, dedica todos sus esfuerzos a contribuir con causas benéficas y fines sociales en eventos en apoyo a la comunidad llevando la presencia del Imperio a la sonrisa de los niños, organizando y participando en eventos referidos a los fans y a todos aquellos que les interese la parafernalia galáctica. De hecho, su lema es "Los chicos malos que hacen buenas acciones".

UNIDOS POR UNA BUENA CAUSA, QUE POR UNA VEZ NO ES CONSTRUIR UNA NUEVA ESTRELLA DE LA MUERTE, LA LEGION 501 ESTÁ EXTENDIDA POR TODO EL PLANETA, CON CIENTOS DE SEDES; Y TODO ELLO GRACIAS AL SEÑOR QUE APARECE EN EL CENTRO DE LA FOTO DE LA IZQUIERDA, GEOGRE LUCAS

CHESPIRITO

UN 10 EN ASTUCIA

(1929-2014) Roberto Gomes Bolaños fue un actor, productor y director de programas de televisión. Inició su trabajo como publicista y más tarde como guionista para la pequeña pantalla. Creador de las series y los personajes de El Chapulín Colorado y el Chavo del Ocho. Un auténtico mito para el frikismo hispano.

top100frikis

CHRISTOPHER LEE

DE VAMPIRO A MAGO MALO

(1922) Ha hecho de todo en su larga vida y promete seguir dando guerra. Ha encarnado a Drácula, la Momia, Frankenstein, ha sido coprotagonista en "El perro de Baskerville", ha actuado en la saga "Star Wars", y ha sido Saruman en las sagas de "El Señor de los Anillos" y "El Hobbit".

frikis in
love
12

Todas las especies animales buscan aparearse cuando llegan a la edad de la madurez sexual. Los frikis, como parte de esa especie humana, también. Su manera de relacionarse con el entorno es parecida a la del resto de los humanos, pero con ciertos matices que los hacen especiales.

Si lo común entre humanos es citarse en un bar o en una discoteca para nuestro friki lo es citarse en la puerta de la tienda de comics más famosa de la ciudad, en alguna quedada o salón, o en el estreno de la película de esa saga que esperaba con ansia, ataviado con el cosplay de algún personaje, con los ojos iluminados de la emoción, no se sabe muy bien si por la película o por la persona que le gusta.

Aquello de ¿estudias o trabajas? que usaban nuestros padres para ligar ahora es un ¿batalla pokémon o partida de Lol? Y pocas veces ocurre que nuestro friki cuando conoce a su amado o amada le llame por su nombre de pila. Nuestro friki tiene su Nick que es su seña de identidad. El Nick del friki tiene que reflejar toda su personalidad, y un David o un Pepe resultan insulsos y vacíos frente a un nombre como Ragnaroth o Kratos, que tiene mucha más dimensión. Las chicas frikis también tienen sus nicks por lo que no es extraño que en lugar de Vanessa, Sara o Jessica, que es el nombre choni que eligieron sus padres se rebelen y acaben llamándose Sakura, Samus, Kurisu o Hermione.

En el mundo friki es muy normal ver a Jon Nieve besando apasionadamente a Catwoman, o a Spiderman tirándole los tejos a Saylor Moon o incluso a Magneto, que el mundo friki es muy diverso.

Los frikis también tenemos nuestro corazoncito y aunque la gente piense que nos pasamos la vida en el ordenador enganchados al porno dedicándonos al onanismo hasta partirnos la muñeca, en el fondo somos unos románticos que suspiramos de amor cada vez que nos hacen un mínimo guiño.

CONSTANTINO ROMERO

LA VOZ

(1947-2013) Aparte de presentador de TV fue y es una de las voces de doblaje más reconocidas de todos los tiempos por papeles como Terminator, el capitán Kirk, Clint Eastwood, Mufasa, Conan... Sin olvidar esa mítica frase que permanecerá siempre: "Yo soy tu padre" (Darth Vader).

top100frikis

FAEMINO &CANSADO

"YO LEO A KIERKEGAARD"

Juan Carlos Arroyo, o Carlos "Faemino" (1957) y Ángel Javier Pozuelo, o Javier Cansado (1957). Ya eran frikis cuando en España ni existía esa palabra. Amos del humor absurdo e inteligente, rozando el surrealismo. Tuvieron su propio programa de TV: "El orgullo del Tercer Mundo".

sal con un friki por beatriz zubeldia (una de rizos)

LEONARD Y PENNY ("THE BIG BANG THEORY"), AMOR EN TIERRA DE FRIKIS

Encuentra a un chico al que llamen friki. Sabrás reconocerle porque suelen perderse en bibliotecas y parques, en Norma Cómics y en foros de internet donde aún se escribe usando todas las letras del abecedario. Suelen tener blogs donde hablan de sus pasiones, de sus sueños y sus ilusiones sin ningún pudor a mostrarse vulnerables, quizá usando algún seudónimo que garantice su anonimato. Pero no te preocupes; sabrás reconocerle en cualquier cafetería porque sus tazas de café suelen ir acompañadas sobre la mesa por libros, cómics, e-books o portátiles. Si te chocas con él caminando por la calle ten paciencia: su mente viaja más allá de lo que le rodea, y seguramente caminase soñando con otros mundos mucho más bonitos que el tuyo.

No pierdas la oportunidad de conocerle más. Interésate por Kafka, Tolkien, George R.R. Martin, Reverte, Dan Simmons, Cels Piñol, Humberto Ramos, por las series de la HBO... Respeta su silencio mientras pierde su mirada entre párrafo y párrafo, y escucha atentamente sus discursos entusiastas y acalorados acerca del último capítulo de The Big Bang Theory. Únete a sus pasiones: pregúntale si prefiere ser un Stark o un Lannister.

Es muy fácil salir con un friki. Regálale libros por su cumpleaños, pijamas manchados de sangre de zombi por Navidad o relojes en código binario por vuestro aniversario. Comprobarás que, a pesar de tener preferencias materiales exóticas, es detallista y romántico. Te mimará sobremanera. Serás su más preciado tesoro. Su Penny. Su Princesa Peach. Su Leia.

No tengas miedo de equivocarte. Todos se equivocan, y él más que nadie lo ha vivido en esos giros argumentales en los que la razón del narrador se pierde por algunas páginas y todo vuelve a su cauce al cabo de otras tantas. Sabe que las princesas de los cuentos a veces ponen a prueba a sus héroes y quizá no necesiten ser salvadas, como Lara Croft. Que tú, igual que Daenerys o que Lisbeth Salander puedes quemar como el fuego cuando te enfadas, pero que tras tus ardientes emociones se esconde un gran corazón que le quiere.

Si te ganas a un friki, mantenlo cerca. Acostúmbrate al olor a libro viejo, a encontrarte figuritas en miniatura amontonadas por cada rincón de vuestra casa. A tropezarte con peluches de Cthulhu entre las sábanas cuando te acuestes, y despertarte con un chico gritando entre sueños «NOOO PUEDEEES PASAAAAR» a tu lado a medianoche.

Vuestra casa no se inundará con el clamor del fútbol las noches de Mundial, pero sí con el estruendo de los persas luchando contra los espartanos, o de los escoceses alzando la voz y pidiendo libertad. Con la banda sonora de Sweeney Todd. Con la musiquilla que suena cada vez que aparece el malo del Monkey Island.

Te pedirá matrimonio en un escenario que le recuerde al amor. Con suerte será en París, o en Roma, o en un bosque frondoso y vivo, o bajo un cenador cuajado de jacarandas. Pero no te asustes si se arrodilla frente a ti en un hotel encantado, o jugando al paintball, o en una selva que se asemeje a la cuenca de Sholazar, o en un taxi recorriendo la ciudad de fiesta en fiesta, o en una granja de Texas, o visitando los escenarios hawaianos donde se rodaron escenas de LOST.

Serás tan feliz a su lado que te sentirás como Scully y no recordarás cómo era tu vida antes de conocer a Mulder. Les leerá cuentos a vuestros hijos. Incluso mejor: se los inventará. Hará de la infancia de los niños algo hermoso y divertido y prescindirá de objetos materiales y perecederos para entretenerles siempre que le sea posible.

Envejecerá a tu lado y te seguirá viendo siempre hermosa. Sabrá mirar más allá de la piel y te amará toda la vida a pesar de tus defectos o, quizá, precisamente por ellos. Nunca dejará de ser un niño con mirada de cachorrillo y te acompañará en tus paseos tranquilos hasta que se le agoten los corazones de la barra de vida.

Sal con un friki porque te lo mereces. Te mereces a alguien que pueda darte la vida más emocionante y divertida posible. Si tú te quedas en la superficie, si te importa el qué dirán y no eres capaz de valorar lo que de verdad importa y le da autenticidad a la existencia, quizá estés mejor sola. Pero si quieres el mundo y todas las sagas que le sucederán... sal con un friki. O mejor aún. Sal con un friki como tú.

FRANCISCO IBÁÑEZ

EL REY DE LOS TEBEOS

(1936) Solo hacen falta dos nombres para demostrar que conoces a este gran dibujante: Mortadelo y Filemón. De los pocos personajes que han sido llevados al cine en varias ocasiones en España. Otro de sus personajes, el Botones Sacarino, tuvo su propia serie de televisión.

top100frikis

GARY GYGAX

EL PADRE DEL ROL

(1938-2008) Escritor y diseñador de juegos, conocido por ser uno de los creadores de "Dungeons & Dragons" junto a Dave Arneson, y uno de los cofundadores de la empresa TSR Inc. en 1974. Muchos lo consideranos el padre de los juegos de rol y por ende un dios del Olimpo friki...

compromiso friki

Si has encontrado el amor friki, no dudes que tu vida en pareja no va ser muy común. Porque un friki no se va a conformar con una pedida de mano formal, es posible que te sorprenda un día llevándote al McDonald's y montando un lipdup con los camareros disfrazados de personajes de Super Mario Bros para pedirte en matrimonio.

Porque un friki hace las cosas a lo grande y si se tiene que batir en duelo de softcombat para conquistar a su amor vestido de enano de Kazad-Dûm lo hace. Y gana el duelo.

Tampoco esperes un anillo de oro blanco con una zirconita común y corriente, tu amor friki te va a sorprender ya sea con un anillo de cartón o con joyas maravillosas.

NO PODÍA FALTAR EL ANILLO ÚNICO

EL BATANILLO DE BODA

ZELDA EN SU ESPLENDOR

DE LEGO... ¡Y DE PLATINO!

GENIAL DISEÑO HARRY POTTER

TAMBIÉN DEL DOCTOR WHO

UN ANILLO QUE TE HARÁ VOLAR

HASTA DE INDIANA JONES

¡BARBIE Y KEN!

HOMENAJE A LA PS ONE

GENE RODDENBERRY

EL DIOS DE STAR TREK

(1921-1991) Mundialmente conocido por sus series de ciencia ficción, especialmente por "Star Trek". Fue una de las primeras 24 personas, todas ellas ciudadanos estadounidenses, cuyas cenizas se esparcieron por el espacio durante el lanzamiento del satélite español Minisat 01.

top100frikis

GEORGE LUCAS

EL JEDI DE LOS FRIKIS

(1944) Solo por ser el creador de Star Wars ya merece encabezar todas las listas de personajes frikis que te vengan a la mente. Pero si, encima, añadimos "Indiana Jones", Industrial Light & Magic, LucasFilms, LucasArts, y todo lo que empiece por "Lucas"... la cosa solo mejora.

bodas frikis

Y después la boda. Pero no una boda clásica de chaqué y vestido de Pronovias. La boda de un friki tiene que ser especial y única. Ya sea de temática Star Wars, Klingon, de Superhéroes o de Zombis.

Modistas y costureras se frotan las manos porque podrán pagarse un crucero por el Caribe haciendo trajes para la boda, pero es que una boda friki es una competición de cosplays más importante que una Comic-Con. Un friki cuando se casa cuida los detalles al máximo, desde las invitaciones a los mondadientes para quitarse los molestos paluegos.

Aquí no vale un cutrecosplay del todo a cien. Un cosplay de boda friki es más elaborado que un modelito de vanguardia para la pasarela Cibeles, con más detalles que la fachada de una catedral barroca. Y antes de hacerlo hay que diseñarlo y tiene que pasar por el duro escrutinio del master contrayente que revisará con lupa hasta el último botón por si lo cosen dos milímetros fuera del sitio.

SI NO TIENES LA BODA QUE SIEMPRE HAS SOÑADO, ES PORQUE NO QUIERES; SOLO TIENES QUE ECHAR UN VISTAZO A ESTAS FOTOS...

GEORGE R.R. MARTIN

EL ASESINO DEL LÁPIZ

(1940) Escritor y guionista de lo fantástico y la ciencia ficción. A mediados de los setenta compaginaba guiones de series de TV ("The Twilight Zone", "The Beauty and the Beast") con la literatura. Es el creador de la saga "Canción de hielo y fuego" en el que se basa la serie "Juego de Tronos".

top100frikis

GEORGE A. ROMERO

WALKING PUTO AMO

(1940) El más famoso creador de cine del género zombi. Aunque no fue el primero sí fue el que le dio a los zombies las características que luego se han utilizado tanto en el cine. Películas como "La noche de los muertos vivientes", "Dawn of the Dead" o "Creepshow" son solo algunos ejemplos.

padres frikis

Cuando suena el reloj biológico es inevitable que el friki busque crear una familia. Es el segundo acontecimiento más importante en la vida de un friki, ese en el que creas tu propia criatura a la que transmitir todos tus conocimientos, tu propio padawan.

Esta especie de alien ya comienza su andadura de aprendiz Jedi en el vientre materno. Son nueve meses de duro aprendizaje tanto para padres como para el futuro retoño friki, que ya nacerá reconociendo signos inequívocamente frikis.

Si algo hace que un padre se sienta orgulloso son sus retoños, y si además ese padre es un friki nivel 9 con más razón porque vuelca en el niño todos sus anhelos y esperanzas de que el pequeño acabe heredando su legado friki convirtiéndolo en su particular monstruo de Frankenstein.

Todos lo hemos hecho y así seguirá siendo hasta el final de los tiempos. Pero es que son tan adorables, tan frágiles que nos sentimos tentados de convertirlos en nuestros muñecos doomies y además con el pecho hinchado de orgullo, porque si nosotros somos frikis nuestro niño más. Puede que cuando crezcan y se vean sufran traumas insuperables, pero ¿Y lo que nosotros hemos disfrutado? Si el trabajo se ha hecho bien, os aseguro que en su etapa de adolescencia os lo agradecerán, porque habréis hecho de ellos unos frikis de pro, y si no... al menos se ha intentado.

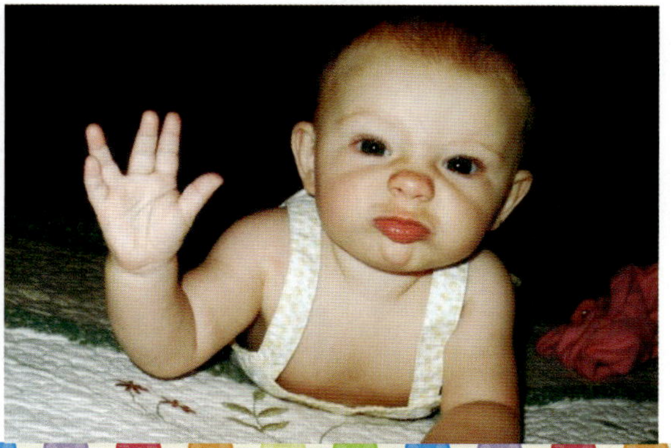

GO NAGAI

¡PUÑOS FUERA!

Es uno de los precursores del hentai. En 1972 publica "Mazinger Z" en el semanario "Shonen Jump", llegando el éxito inmediato debido a que era la primera vez que un robot era pilotado. El reconocimiento mundial llegaría tras la trasmisión del anime de la historieta el 3 de diciembre de 1972 en el canal Fuji TV.

top100frikis

GRANT MORRISON

SUPERHÉROES HUMANOS

(1960) Guionista de cómics y de videojuegos creador del "Arkham Assylum" de Batman, reinterpretando el personaje. Desde mediados de los ochenta ha ido reinterpretando diversos comics tanto de DC como de Marvel como "La Liga de la justicia de América" o los nuevos "X-Men".

sabiduría friki

13

El friki lo sabe todo. Mejor dicho, el friki CREE que lo sabe todo, es el friki supremo el que domina todos los idiomas, conoce al detalle la biografía de cada personaje de cómic, serie o película y sería capaz de destriparte una teoría solo porque controla el entorno, los elementos, y cada átomo del universo en el que nos encontramos. Podríamos atrevernos a afirmar que también puede detener el tiempo, pero no existen pruebas... Hasta que un friki supremo la descubra, claro está.

Los frikis manejamos el mundo porque somos capaces de ver más allá de lo que tenemos delante. Bill Gates solo es la punta del iceberg; en algún garaje de algún recóndito poblacho dormita en estado latente el individuo que cambiará la Tierra (o la destruirá a su antojo). Porque somos así, cuando una persona normal ve en un rayo de la muerte destrucción y caos nosotros solo pensamos: «¡¡Eh!! ¡¡Yo quiero uno de esos!!».

Aquí podréis ver otra visión de lo que creíais saber. La cultura popular y el frikismo nunca fueron tan de la mano. ¿Qué pinta Matías Prats en El Señor de los Anillos? ¿Cómo podríamos aplicar un atajo de teclado a la vida real? ¿Son los refranes populares los únicos que tienen cabida en el refranero cañí o podemos adaptarlos a nuestros gustos y conocimientos como nos venga en gana? Estas y más preguntas, serán contestadas al instante. Porque valen su peso en oro. Mejor aún, valen su peso en PERLAS DE SABIDURÍA FRIKI.

refranero friki

GUILLERMO DEL TORO

FRIKI DEL CINE FRIKI

(1964) Simpático director mexicano que ha triunfado en Hollywood por películas como "Mimic", "Hellboy" o "Blade II", pero que no deja de lado las películas de habla hispana con títulos como "El laberinto del fauno" o "El espinazo del diablo". Tiene un Goya y varias nominaciones a los Oscar.

top100frikis

H.G. WELLS

FRIKI EN BLANCO Y NEGRO

(1866-1946) Escritor, novelista, historiador, filósofo y visionario (y eso que por entonces no existía internet). Un friki de principios del siglo XX que en sus novelas "La maquina del tiempo" y "La guerra de los mundos" nos hizo creer en los viajes en el tiempo y en que tenemos que estar preparados para una posible invasión alienigena. Qué guay.

frikiconsejos

ANTES DE CASARTE CON ALGUIEN...

... HAZ QUE UTILICE INTERNET CON UNA CONEXIÓN LENTA PARA COMPROBAR SU VERDADERO CARÁCTER.

DICEN QUE SI PRONUNCIAS 3 VECES "VOLDEMORT" EN UNA SALA DE CINE...

... ESCUCHARÁS A LO LEJOS "CÁLLATE CABRÓN" Y RECIBIRÁS COMIDA VOLADORA GRATIS.

LA GENTE DICE QUE NO SE PUEDE VIVIR SIN AMOR...

... YO ME PREOCUPARÍA MÁS POR EL OXÍGENO.

LA VIDA SERÍA MÁS FÁCIL...

...SI TODOS TUVIÉRAMOS UN CTRL+Z INFINITO.

Limpiar las gafas y pasar de TS-Screener...

... a Full HD 1080p.

Filosofía friki

H.P. LOVECRAFT

MAESTRO DEL TERROR

(1890-1937) Se le considera un gran innovador del cuento de terror, al que aportó una mitología propia, los mitos de Cthulhu, desarrollada con otros autores y aún vigente. Su obra es un clásico del horror cósmico y da un miedo que te cagas...y su parecido con Mariano Rajoy da aún más miedo.

top100frikis

HAROLD RAMIS

¿A QUIÉN VAS A LLAMAR?

(1944-2014) Si te apasionan "Los Cazafantasmas", conoces a Egon Spengler. Y si conoces a Egon, amas a Harold. Pero si decimos que además trabajó tras la cámara como director en producciones como "Atrapado en el tiempo" o "Al diablo con el diablo", seguramente le tengas aún más cariño.

popurrí de universos

MAZINGER ZETA JONES

ZACK MORRIS | CHUCK NORRIS | ZACK NORRIS

El Profesor THOR-NASOL

HARRISON FORD

PRESIDENTE HAN SOLO

(1942) De los pocos actores a los que la trilogía original de Star Wars no les encasilló en un solo personaje para toda su carrera. Ha sido Han Solo, Indiana Jones, el cazador de replicantes Rick Deckard en "Blade Runner" o el presidente de los EE.UU. en "Air Force One". ¡Casi ná!

top100frikis

HAYAO MIYAZAKI

EL PADRE DE MARCO

(1941) Director de cine de animación, ilustrador, dibujante de cómics y productor de anime, Cofundador de Studio Ghibli y director de "El viaje de Chihiro", "La princesa Mononoke", "Mi vecino Totoro" o animes como "Heidi", "Marco", "Conan, el chico del futuro" o "Sherlock Holmes".

hasta los frikis se equivocan

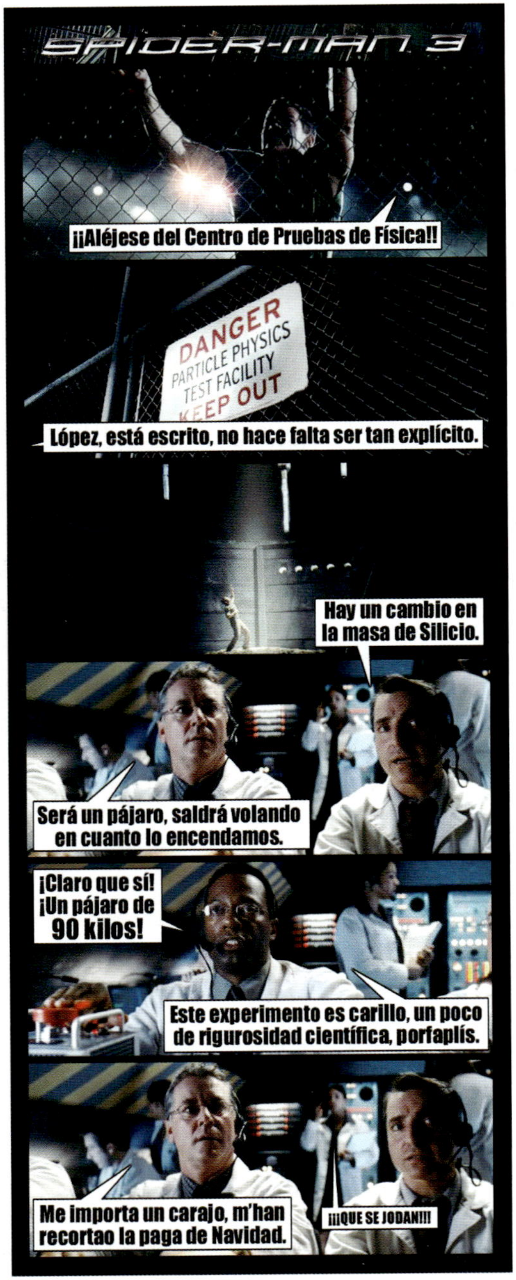

esto es así

HAYATO TANI

GENERAL AMARILLO

(1946) Conocido en el mundo friki como el General Tani, mandamás del mítico programa "Humor Amarillo" e incansable enemigo del Conde Takeshi. Gracias al gran doblaje español de la primera época se nos han quedado en la memoria expresiones como: "¡AL TURRÓÓÓÓÓÓN!".

top100frikis

HERMANOS WACHOWSKI

PÍLDORAS DE COLORES

Lana Wachowski (1965, nacida como Larry) y Andy Wachowski (1967) trabajaron como carpinteros hasta que decidieron que lo suyo era el cine, han conseguido que cada vez que tengamos un De Ja Vú digamos "han cambiado algo en Matrix", saga que revolucionó las peleas a cámara lenta.

tontunas varias

cosas que no te cuentan

NOS LLEVAN AÑOS DE VENTAJA

HERMANOS WAYANS

SCARY BROTHERS

Shawn M. Wayans (1971) y Marlon L. Wayans (1972), divertidos, negros y sin pelos en la lengua. Conocidos por películas como "Scary Movie" o "Dos rubias de pelo en pecho". En solitario, Marlon es uno de los protas de "G.I. Joe" y como curiosidad, Shawn apareció en la serie MacGyver.

top100frikis

IAN McKELLEN

AZOTE DE BALROGS

(1939) Ha sido Magneto y Gandalf. Solo por eso ya merece ser tratado como lo que es, todo un "Sir". Ha sido nominado a multitud de premios (incluyendo los Oscar) y se ha llevado otros tantos a casa. Ian no llega tarde ni temprano, llega cuando se lo propone (como Chuck Norris).

Este diario no pretende identificar a todos los frikis del mundo mundial. Hay frikis vagos, frikis trabajadores, solteros, con chorbi, gordos, delgados, a los que les encanta el sushi, a los que el pescado crudo solo les gusta dentro de una pecera, que cantan, que bailan y que hacen piruetas... ¿Qué queremos decir con esto? Que si lees algo que te pueda resultar ofensivo en plan «¡¡Oye!! ¡¡Que yo soy friki y no soy así!!», recuerda que no va por ti. Sabemos que Sheldon Cooper no pilla el sarcasmo, pero tú sí, porque eres un friki que mola (peloteo gratuito).

CUADERNO DE BITÁCORA
FECHA ESTELAR: HOY

La risa de Shin Chan que tengo como alarma del despertador me arranca de mi placentero letargo, hago el primer intento de abrir los ojos. Nota mental: cambiar la melodía porque le estoy cogiendo un asco al cabezón de Shinnosuke que ni os cuento. Al mismo tiempo, mi chica abre un ojo y me dice «te quiero». «Lo sé», le respondo. Se da la vuelta y sigue roncando... ¡¡Ains!! ¡Qué cookie más cariñosa que me he conseguido agenciar!

Mi chica ya no resulta TAN simpática cuando se da cuenta de que el despertador era para ella. Yo soy un alma libre, es ella la que piensa que te sientes más realizado si tienes un trabajo de 8 a 7. Yo prefiero vivir en mi propio Universo Paralelo (o "para lelos", como ella lo llama). Cuando se levanta le digo «te echaré de menos» y me vuelvo a dormir. Así estando inconsciente no me siento culpable.

CON ESTE DESPERTADOR DA GUSTO MADRUGAR, POR MUY DESAGRADABLE QUE SEA SU MELODÍA IMPERIAL

LO REALMENTE DIFÍCIL NO ES ENCONTRAR PAREJA, SINO ENCONTRAR LA FORMA DE ENCAJAR A LA PERFECCIÓN, CADA CUAL CON SUS MANÍAS

Tras unos minutos de reflexión y autoconvencimiento, he decidido levantarme a mear. Anoche me bebí tres gintonics y mi cuerpo me pide una vía de escape. Tres gintonics, lo sé, no son muchos para mi nivel de hombría, pero es que ayer fue martes. Exprimo la vida al máximo, nunca sé cuándo será mi último día sobre la tierra (o lo que es lo mismo, para una vez que mis colegas pueden quedar, que es casi nunca, mejor aprovechar la ocasión).

Vuelvo a la cama. La temperatura exterior a todo lo que no es mi nórdico increpa mi estatus de comodidad. Ganas de sobar aumentando.

Me levanto definitivamente. El botón SNOOZE de mi despertador no me da tregua y pide clemencia. Y le entiendo, vaya si le entiendo. Cada vez se me hace más complicado seleccionar una taza en la que albergar mi café. Son tantas y tan exclusivas que me cuesta decidir cuál es la más indicada para arrancarme de Matrix. ¿La de Bender? ¿La de Los Snorkels? ¿Arrow? ¿Quizás la de Doraemon? ¡Qué complicadas son algunas decisiones!

Descartando que admita que 45 minutos son demasiados para que un café mantenga su temperatura original (cosa que nunca haré), ya es hora de que haga algo productivo. Porque sí, revisar el Twitter, Facebook, e-mails, foros de diversos temas frikis o buscar nuevos tráilers en Youtube no es algo que esta sociedad en la que me ha tocado vivir considere "empleo". ¡Pero alguien tiene que hacerlo, maldita sea!

ISAAC ASIMOV

YO, HUMANO

(1920-1992) Escritor y bioquímico soviético nacionalizado estadounidense. A él debemos las tres leyes de la robótica, sin las cuales seríamos pasto de los robots... aunque Terminator se las pasa por el forro. También es el padre de Lucky Starr, el mejor agente espacial de la historia.

top100frikis

J.J. ABRAMS

PERDIDOS EN LA GALAXIA

(1966) uno de los directores más aclamados de los últimos tiempos y cofundador de la productora "Bad Robot" junto a Bryan Burk. Es una de las mentes culpables de producciones como "Lost", "Monstruoso" o las nuevas pelis de "Star Trek" y "Star Wars". Se ha ganado el título de Lord Friki por derecho propio.

DESDE QUE EMPEZÓ LA INFORMÁTICA, TODOS AQUELLOS QUE "SABEN DEMASIADO" HAN SIDO TACHADOS DE "RARITOS". CON LO NORMALES QUE SOMOS ALGUNOS

UNA TIENDA DE CÓMICS ES EL SITIO IDEAL PARA APRENDER, INTERCAMBIAR OPINIONES, COMPRAR OBJETOS DE TUS SERIES Y PELIS FAVORITAS... COMO EN GIGAMESH (BARCELONA)

He tardado un poco más de lo previsto en despegar, pero toca salir de casa. Tengo que aprovechar el tiempo si quiero ser un hombre de provecho. Voy a la tienda de cómics. Sin prisa, no cierran hasta las dos y la tengo justo al lado del portal.

Ya me llega el olor a páginas impregnadas de creatividad, donde las ideas de grandes mentes se funden en tinta y papel. Shakespeare nunca supo lo que era esto, lo compadezco. ¡Ains, mi tienda de cómics! No resulta difícil sentirme como Luke Skywalker entrando por vez primera en la cantina de Tatooine. La fauna que puebla estos parajes es insólita e inquietante, pero siempre logro confundirme entre tal pintoresca población. Siempre que vengo, sueño que conseguiré el nº 1 de Spiderman, envuelto aún en su plástico original... Al final siempre me llevo el más barato. No está la vida para lujos.

Hora de comer. Me gustaría ponerme a elaborar algún platillo digno de MasterChef, pero mi nevera está más vacía que el cerebro de un Morlock, así que pido comida china. Lo reconozco, ADORO LA COMIDA CHINA, podría alimentarme eternamente con sus grasientos rollitos y la ingente cantidad de comida que te ponen con el "Menú del día D". Mientras tanto, un poco de zapping amenizará mi espera, a ver... ¡Los Simpson, cómo no! ¿Cuándo se les acaban los episodios? Que ya aburr... Espera, este no lo he visto.

¡Ya llegó el chino! Con vuestro permiso, corto la conexión mientras recargo las pilas.

Lo sé, lo sé... En este momento debería encontrarme en plena siesta, pero olvidé silenciar el maldito WhatsApp. Y claro, ahora tengo que leer los 20 grupos en los que me han metido. Es curioso cuando se crea un grupo para organizar una despedida de solteros y cinco meses después de la boda sigue abierto. Y he intentado salir de ellos, no creáis, pero siempre llega el listo que vuelve a meterme. Incluso cuando crees que un grupo ya se cerró... Sigue ahí. Siempre que me ocurre, me siento un poco como Heston al final de El Planeta de los Simios:

Dicen que mientras más duermes, más cansado estás. Quizás sea cierto, ahora mismo tengo el cuerpo como si me acabasen de sacar de la carbonita. Lánguido continúo en el sofá, a expensas de que alguien note que falto en algún lado y avise a la policía.

No creo que un poco de Xbox me venga mal. Los videojuegos despiertan la mente y agudizan los sentidos (aunque lo que yo necesito es que despierten solo mi cuerpo). Ya que no puedo ser un superhéroe, tendré que conformarme con controlar a uno.

LO DE HAN SOLO SÍ QUE ERAN SIESTAS, LO DEMÁS SON MEROS INTENTOS DE IGUALAR SU PROEZA. ¡VIVA HAN SOLO!

¡ESTA FASE SE LA VA A A PASAR SU PUTA MADRE! Y ahora que caigo, hace tiempo que no visito el cuarto de baño, haré ese poder. ¿Podéis dejar de leer durante diez minutos? Gracias.

Mi hora punta para el café de la tarde. De nuevo el dilema de las tazas amartilla mi pensamiento. Muchas veces me planteo si merece la pena el tiempo que invierto, al final siempre termino cogiendo la misma. La palmera de chocolate es opcional, pero este cuerpo de friki tengo que mantenerlo. Además, trae pegatina de los Gormiti y me faltan tres.

NO TODOS LOS DÍAS SE PUEDE, PERO UNA MERIENDA FRIKI ES LA MEJOR MANERA DE TENER EL ÁNIMO POR LAS NUBES; PUEDES ACOMPAÑARLA CON CAFÉ, O PUEDE QUE LA FUERZA TE ACOMPAÑE

J.K. ROWLING

UNA MUGGLE MÁGICA

(1965) Escritora de novela juvenil y cuentos, es la creadora de la saga de Harry Potter, que la ha convertido en una de las mujeres más ricas del mundo. Muy ingeniosa a la hora de inventar hechizos, criaturas y personajes, incluso nos ha regalado un nuevo deporte: el Quidditch.

top100frikis

JACK KIRBY

PADRE DE SUPERHÉROES

(1917-1994) Jack Kirby es el nombre artístico de Jacob Kurtzberg. Es el dibujante y creador de superhéroes por antonomasia. Junto a Stan Lee creó durante los años sesenta gran parte de los personajes más importantes de Marvel tales como Los 4 Fantásticos, Thor, Los Vengadores o X-Men, propulsando el renacimiento del género.

Voy a trabajar un poco. ¿Os he dicho que llevo un blog? Eso en tiempos pasados quizás no significaba nada, se le llamaba “tener un hobbie” (que no “tener un Hobbit”). Hoy día se llama “ser un Blogger”. Hay un dicho en el mundo de las ondas que postula: “Si la voz de la radio te enamora, nunca te acerques por la emisora”. Pues a este mundillo también se aplica, nunca endioses a tus bloggers, youtubers, tuitstars, etc. Son tan humanos como tú y como yo. Por ejemplo, ahora mismo estoy escribiendo mi blog en gayumbos y con un calcetín de cada color, pero para quien me lee soy “La Golondrina Carmesí”, el catacrack de los videojuegos y el frikismo. Pues sí, soy un tipo normal, simplón pero sin malicia.

ESTE FUE EL DÍA EN QUE CONOCÍ AL CREADOR DE "DAME POSTS Y DIME FRIKI"; YO CREÍA QUE ERA UN LORD SITH, PERO AL FINAL RESULTÓ SER UN FRIKI COMO TÚ Y COMO YO, SIMPATICOTE Y LLANO; TAPO SU CARA PARA QUE NADIE LO ACOSE EN LAS GASOLINERAS

Un pequeño descanso. No es que haya dedicado todo este tiempo exclusivamente a mi blog. De hecho, han llamado al timbre, me he levantado cinco veces, he ojeado alguna que otra web y me he salido de cuatro grupos de WhatsApp. Espero que al menos algo haya valido la pena. No obstante, este rato me ha cundido para dejar el artículo en “Borradores”. Sería más cómodo contratar a alguien que me corrija los textos y seleccione las imágenes.

ESTE ES EL BOTÓN MÁS USADO POR AQUELLOS QUE ABREN UNA PÁGINA NUEVA, ÁVIDOS DE VISITAS

DE CUANDO EL DE "CASTLE" PILOTABA NAVES ESPACIALES Y LUCHABA COMO UN JABATO. ¡QUÉ TIEMPOS AQUELLOS!

He publicado la entrada del blog, no ha sido tan difícil. Los siguientes diez minutos los dedicaré a actualizar con la tecla F5 para ver cuántos “Me gusta” y visitas voy consiguiendo. Hay quien escribe para autorrealizarse, yo soy más de los que lo hacen por aburrimiento y fama. Lo primero lo tengo casi cubierto.

Hace tiempo me regalaron una maqueta de Firefly, la nave de Serenity. En concreto: “FIREFLY REPLIQUE VAISSEAU 1/250 SERENITY CUTAWAY SHIP REPLICA - QUANTUM MECHANIX”. Llegó la hora de montarla. Luego le haré unos fotos muy de cerca para que parezca enorme con el fin de vacilar en Twitter y leer esos ansiados comentarios tipo “mola! Quiero una ya!!!” o “Yo tengo la del Halcón Milenario escala 1/24”. Comentarios ante los que siempre me controlo en responder: “Cuéntaselo a quien le importe”. Suelo optar por contestar con emoticonos, así quedo bien sin esforzarme demasiado.

Como era de esperar, ya está bien por hoy de maqueta, tengo la cabeza embotada con tanta pieza. Y tengo hambre... Toca comerme las sobras del chino. Sí, porque otra cosa no, pero con la comida que te ponen puedes alimentarte tú y los 300 espartanos, si es que esa noche no cenan en el infierno.

Comida recalentada, novia de cervezas con las amigas, gomilla del pijama floja y pantalones remetidos en mis calcetines de Tom & Jerry.... ¡¡Llegó el momento de cenar viendo Regreso al Futuro por 231ª vez!!! Nunca me canso de frases como «¿Me estás diciendo que has construido una máquina del tiempo... con un DeLorean?». Eso sí, podré levantarme 38 veces si estoy en el ordenador o viendo un programa en la tele... Pero esta película es SAGRADA, así que, por el amor de Yoda, no me molestéis durante los próximos 110 minutos. Aunque... levantarme un momentito para ponerme un gintonic... Tampoco sería una idea tan descabellada... (para algo inventaron el PAUSE).

Mi chica, que llegó a casa justo para volverse a tragar el final de la película, me ha obligado a ver con ella un capítulo de Glee, no sé si mi organismo aguantará tanto azúcar concentrado. Le intento convencer (dulcemente) de que está cansada y debería irse a la cama, que al día siguiente curra, pero me ha mirado con The Eye of the Tiger y esta noche me apetece dormir en la cama. Glee, allá vamos... ¡Ains!

Y otro día más se ha empeñado en poner el episodio para quedarse dormida sobre mi hombro a los 10 minutos (y el mando está al otro lado). Me hallo atrapado entre "cantantes de gominola y turrón" y 40 interminables minutos de episodio.

Con la excusa de ya acabó la tortu... el capítulo. La llevo a la cama como galán del siglo XXI que soy (y para que no se despierte y quiera ver lo que se ha perdido). La arropo, la beso la frente, la digo "te quiero" y ella me contesta en un adormilado Klingon que no soy capaz de descifrar. Lógicamente, tengo que borrar tanta ñoñería de mi cerebro si quiero acostarme sabiendo que tengo testículos. Así que vuelvo al sofá y pongo un episodio de The Walking Dead. Sé que en 20 minutos me habré dormido.

Ya en la cama, abrazo un minuto a mi chica (lo justo para que note que sigo siendo un ente corpóreo) y seguidamente desparramo mi cuerpo sobre el colchón a su fortuna. Mis ojos han decidido seguir por su cuenta. Como diría David el Gnomo: "Slitzweitz!".

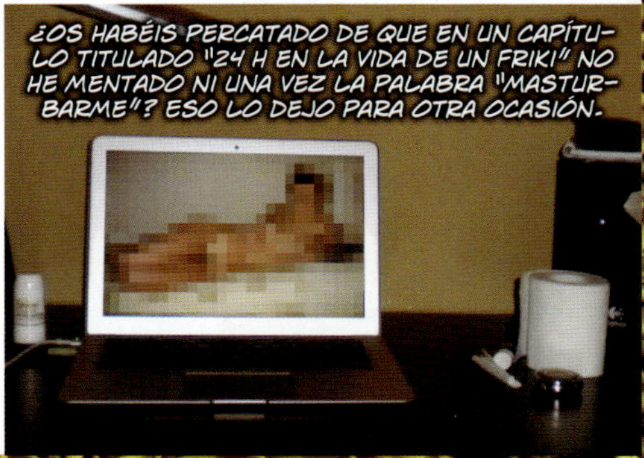

JACKIE CHAN

PATEA DE BUEN ROLLITO

(1954) Artista polifacético chino más conocido por dar hostias como panes y patadas voladoras en la gran pantalla. Renuncia a tener dobles en sus escenas de acción, lo que le ha llevado a romperse cabeza, mandíbula, dedos, costillas, nariz... el cuerpo, en general. Y ahí sigue dando piruetas.

top100frikis

JAMES CAMERON

EL "AMO DEL MUNDO"

(1954) Explorador marino conocido tambien por algunas "peliculillas" que dirigió tales como "Terminator", "Aliens", "Mentiras arriesgadas", "Abyss", "Titanic" o "Avatar", siendo estas dos últimas las que encabezan la lista de películas con mayor recaudación en taquilla de la historia del cine.

frikistyle 15

Los frikis tenemos un modo diferente de entender la vida, no es que seamos unos esclavos de la moda Prêt-à-porter precisamente. Para nosotros las tendencias en moda tienen más que ver con si el largo del cosplay es el mismo que el del personaje que con el largo de la falda de esta temporada, si la mochila será lo suficientemente grande para llevar todo el atrezzo o si los complementos aguantarán bien con esa capa de pegamento y grapas o tendremos que ponerle alguna hebilla o cordón extra por si acaso.

Eso no quiere decir que no tengamos un estilo, que tiene más que ver con las aficiones propias que con la moda. En la vida muggle sería difícil que un megapijo vestido de Armani conviviera con un cani de chándal fosforito; sin embargo, no es raro ver a un friki melenudo de gabardina de cuero al más puro estilo Matrix, con botas de tachuelas y camiseta con dibujo de un vikingo aplastando cráneos, conviviendo con una friki Kawaii, con vestidito rosa, bolsito de cupcakes y pulseritas de fieltro de Totoros y Chibis.

JAMIE LEE CURTIS

UNA MUJER DE MIEDO

(1958) La hija de Tony Curtis y Janet Leigh ("Psicosis") fue un icono sexual para muchos frikis que se ha prodigado en pelis de terror y comedias. Debutó en "La noche de Halloween" y la hemos visto también en "La niebla", "Prom night", "Mentiras arriesgadas" o "Un pez llamado Wanda".

JANE BADLER

UNA LAGARTA DE CUIDADO

(1953). Actriz, cantante y lagarta extraterrestre. Aunque también es conocida por series como "Falcon Crest" o como la agente Shannon Redd de "Misión Imposible", su personaje más conocido es la diabólica Diana en la mítica serie de los ochenta "V", en la que comía ratones a pares.

fondo de armario

camisetas

La camiseta de un friki nunca pasa de moda, da igual si tu camiseta favorita la compraste a comienzos de la Segunda Edad del Sol, antes de que se forjara el Anillo Único. Será la que llevarás a todos los eventos porque es, por supuesto, TU CAMISETA.

En el universo de las camisetas no hay límites, cualquier cosa que tenga que ver con nuestras aficiones es susceptible de ser impresa en camiseta, desde lo más comercial hasta lo más raro. Da lo mismo si eres fan de las series del momento, de las de hace 20 años, de los superhéroes fashion de moda, del superhéroe con poderes inútiles, de cualquiera de las sagas clásicas de cine, de lo retro, de videojuegos, de los dibujos Disney, de los juegos de rol, del mundo monster y freak, de las frases enigmáticas que solo unos cuantos entenderán... Todo se puede poner en formato camiseta.

zapatillas

Las zapatillas son también un elemento de moda friki, cada vez se encuentran más zapatillas de estilo friki. Las marcas se han dado cuenta de que hay filón y se apuntan al carro de vestir al friki lanzando modelos inspirados en superhéroes, personajes y pelis.

Pero si hay algo que mola de verdad son las zapatillas personalizadas, pintadas a mano, tú eliges el tema y el artista te las hace. Y tampoco hay límites, si quieres hacer un mushup de personajes, usar un personaje de tu videojuego o película y ponerle elementos de otro, tunearlos, variarlos y hacer que tus zapatillas sean algo único, puedes hacerlo. Y mola mucho.

© MUCHOMASKEZAPAS

JASON LEE

TAMBIÉN SE LLAMA EARL

(1970). Pocos saben que el que fuera uno de los actores fetiche en los principios del director Kevin Smith ("Mallrats", "Dogma" o "Persiguiendo a Amy") y el prota de la fabulosa serie "Me llamo Earl" fue además un profesional del skateboard y tuvo su propia línea de zapatillas deportivas. Eso se llama frikismo.

top100frikis

JENSEN ACKLES & JARED PADALECKI

CHICOS SOBRENATURALES

(1978) y (1982) Son guapos, valientes, cazan criaturas extrañas y son hermanos... al menos en la ficción. Dean y Sam Winchester son los protagonistas de la serie de culto "Sobrenatural", cuyas temporadas no se pueden contar con las dos manos.

bolsos y complementos

Una buena mochila o bolso es otro elemento importante para el friki. Puedes tener una mochila normal y corriente y atiborrarla de chapas, o puedes elegir una mochila más estilosa como estas.

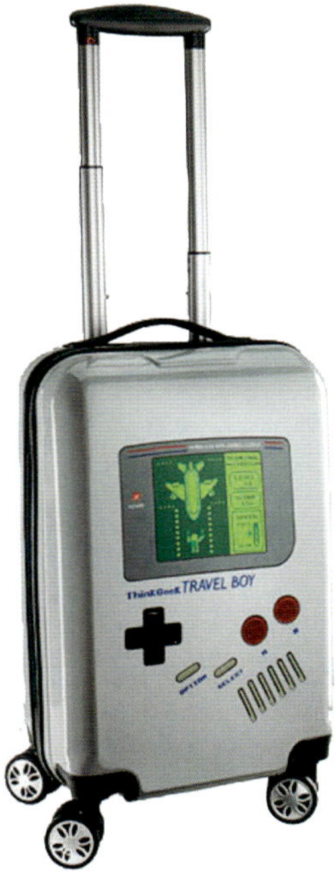

En el universo mochilero también entran las maletas y bolsos de viaje, imprescindibles para el friki viajero que se va a recorrer el mundo. Esto tiene sus ventajas, en la cinta de equipaje de los aeropuertos normalmente las ves enseguida y es difícil que acabes equivocándote de maleta, porque la gente normal lleva maletas normales, parecidas entre ellas, pero las tuyas son mucho más molonas.

Gorros, joyas, adornos, manicura y maquillaje entrarán en esta categoría de complementos frikis y lo mejor es que muchos de ellos los confeccionan ellos mismos.

kigurumis

Normalmente representan animales, pokémon o ciertos personajes del mundo kawaii. Se suelen utilizar como prenda cómoda para estar en casa o como pijama y en muchas ocasiones se ven también en los salones y eventos, puede hacer la función de cosplay improvisado y son muy calentitos.

AUNQUE NO ES DEL GUSTO DE TODOS LOS FRIKIS CADA VEZ HAY MÁS GENTE QUE SE APUNTA A LA MODA DEL KIGURUMI

JEREMY SOULE

MOZART DEL VIDEOJUEGO

(1975) Músico y creador de bandas sonoras. Aparte de los gráficos y la jugabilidad, la música eleva a un videojuego a la categoría de sublime, y este hombre lo ha hecho con muchos de ellos, como la saga "The Elder Scroll", "Harry Potter", algunas entregas de "WoW" o de "Star Wars"...

top100frikis

JESS FRANCO

TETAS Y VAMPIRAS

(1930-2013) Jesús o Jess Franco fue director, actor, productor, guionista, compositor... En los años setenta era sin duda uno de los personajes más conocidos del cine de terror europeo con películas como "Necronomicón" o "Gritos en la Noche". También hizo sus incursiones en la pornografía.

la guarida decoración de interiores

La gente piensa que los frikis vivimos en mazmorras pestilentes, enterrados entre cajas de pizza y latas de cerveza, con espadas laser, sables y katanas colgando de las paredes como si estuviéramos aprovisionándonos para un apocalipsis zombie o una invasión del ejército de las Tinieblas. Yo no digo que no haya algunos que sí lo estén haciendo, pero sería más práctico aprovisionarse de latas de fabada que de pizza, no sea que tarde más de lo previsto el apocalipsis y la pizza acabe mohosa que no la querrían ni las cucarachas.

Por el contrario, hay frikis con mucho estilo, que se gastan la pasta en prepararse unos rinconcitos para el disfrute, donde poder echar unas partidas en la consola o relajarse viendo unas pelis.

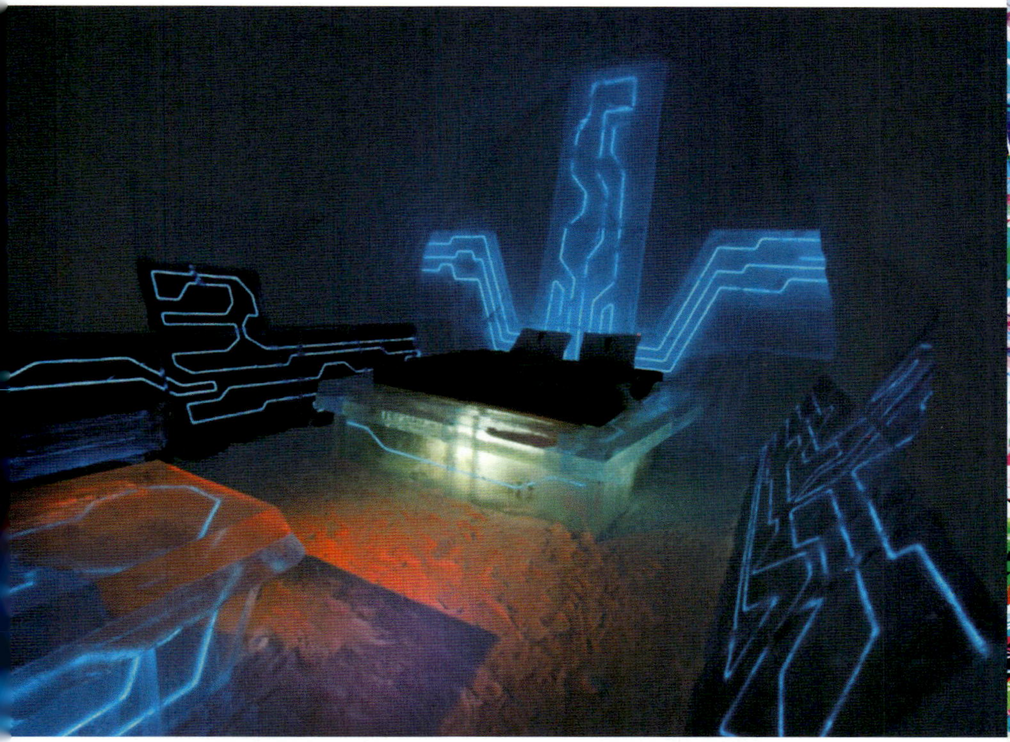

Aunque la mayoría estamos en la moda de hacer lo que se pueda con el espacio que tenemos, y como además no podemos evitar coleccionar nuestros objetos, pelis y figuritas, intentamos que luzcan lo mejor posible. Es nuestro botín y tiene que lucirse.

JIM CARREY

UN TONTO MUY TONTO

(1962). ¿Habrá alguien en este mundo que no conozca las muecas de este genio del humor? Este actor todoterreno, que empezó como cómico de stand up, ha hecho desde comedias locas como "La máscara" o "Ace Ventura" hasta títulos sobrecogedores como "El show de Truman", "Olvídate de mí" o "El número 23".

top100frikis

JIM HENSON

ALMA DE GOMAESPUMA

(1936-1990) La gente no valora demasiado a los "titiriteros", pero si dices que eres el creador de emblemáticas figuras como los Muppets (llamados aquí "Teleñecos"), los Fraggles, Barrio Sésamo o la película "Dentro del Laberinto" (que también dirigió), quizás te respeten más. Con todos ustedes: Jim Henson.

el coche de un friki

Mientras no se encuentre ninguna Puerta Estelar, se invente un teletransportador o unos portales interdimensionales, de momento el friki se tiene que desplazar en vehículos más terrenales. Un Batmóvil o un DeLorean serían ideales, hasta un aeropatín para trayectos cortos.

mascotas

Las mascotas de un friki son una extensión de sí mismo, un fiel reflejo de todo aquello que amamos, por eso algunos tienes nombres como Guku, Bilbo, Chtulu, Sloth, Willow... Conocí a un par de gatos que se llamaban Predator y Terminator, pero a los que todos llamábamos "Bájate-de-ahí"... Nuestros perros y gatos son nuestros amigos fieles... y pacientes. Además de ser nuestros mejores amigos de vez en cuando les toca sufrir nuestras explosiones de creatividad.

JONAH HILL

CLON DE SETH ROGEN

(1983) Si le preguntas a alguien si conoce a Jonah Hill, seguramente te pondrá cara rara, pero si dices "el gordo de Supersalidos", seguro que le brota una sonrisa. Y no solo borda la comedia, últimamente incluso ha sido nominado a los Oscar por sus papeles en "Moneyball" o "El Lobo de Wall Street".

top100frikis

JOHN CARPENTER

MÍSTER TERROR

(1948) Este hombre lo hace todo: dirige, escribe guiones, compone bandas sonoras... Nos ha dado grandes películas para este mundo friki como "La noche de Halloween", "The Thing", "La Niebla", "El príncipe de las tinieblas" y una de las más frikis, "Golpe en la pequeña China".

deportes

A los frikis no es que no nos gusten los deportes "normales", es que somos lo suficientemente imaginativos para darle una vuelta al concepto deporte y hacer que una actividad física deportiva se convierta en algo muy divertido y muy friki. Aquí tenéis unos ejemplos...

quidditch muggle

Todo friki que sea fan de Harry Potter sabe lo que es el quidditch. Como de momento no hemos aprendido a volar hemos adaptado el juego para jugar en el suelo, pero como en la saga los jugadores llevan una escoba y siempre tienen que estar sobre ella o cometerían una falta.

En este deporte mixto (obliga el reglamento a que haya jugadores de los dos sexos) se enfrentan dos equipos de siete jugadores:

El **guardián** es el encargado de evitar que se cuele el quaffle (que es un balón de voleibol) en los tres aros que vienen a ser la portería, y que están situados a diferentes alturas. Cada vez que entra el quaffle son diez puntos para el equipo goleador.

Los **golpeadores** son la defensa. Tienen que repeler las bludgers, que son otro tipo de pelota al mismo tiempo que atacan a los del equipo contrario lanzándoselas. Siempre tienen que haber dos bludgers en juego.

Los **cazadores** son los encargados de meter el quaffle en los aros del equipo contario. Hay tres en cada equipo. Cuando un cazador es golpeado llevando el quaffle debe dejarlo caer y volver a su portería antes de volver a entrar en juego.

El **buscador** es el que debe buscar la snitch dorada, que en el quidditch muggle es una simple pelota de tenis dentro de un calcetín que lleva el portador de la snitch atada a la cintura como una cola. El portador sale del campo antes de empezar el partido y se permite a los buscadores salir del campo a buscar la snitch. El equipo que la atrapa gana 30 puntos y cazar la snitch significa el final del partido.

JOSS WHEDON

LA "SERENIDAD"

(1964) Director, guionista, productor ejecutivo y creador de grandes series de culto del frikismo como "Buffy Cazavampiros", "Ángel", "Dollhouse" y su obra maestra, "Serenity". Su trabajo en "Astonishing X-Men" reinventó los cómics de los X-Men. En 2012 dirigió "The Avengers".

top100frikis

JULIO VERNE

EL MAESTRO

(1828-1905) Por todos conocido, es considerado el fundador de la literatura moderna de ciencia ficción porque le dio por escribir, pero podría haberse ganado la vida con sus superpoderes premonitorios. Predijo la aparición de la TV, los helicópteros, los submarinos o las naves espaciales.

soft combat

Es una modalidad de lucha con armas blancas de forma segura en combate simulado y juego de rol, en el que en ocasiones también se pueden lanzar flechas e incluso hay armas de fuego tipo nerf. Evidentemente, todas las armas que se utilizan están preparadas para no herir.

Aunque el softcombat se practica en todo el mundo el tipo de lucha varía de un lugar a otro. Por ejemplo: el estilo ruso es el más bruto, son contundentes en la lucha y pueden hacerse mucho daño . El estilo nórdico es muy espectacular porque le echan mucho "teatro", haciendo que los combates sean todo un espectáculo. El estilo canadiense es el más pintón, con atrezzo y escudos de madera, y llegan a construir ciudades o poblados para sus juegos. Las armas están hechas para que se ajusten perfectamente al tipo de juego de rol y de la época en que se base el combate.

En España no hay un estilo concreto, pues depende de cada asociación, estas son algunas de las más importantes: Somnia, La Garra de Alastor, La Hermandad del Acero, Concilio de Herreros, La Era del Caos...

jugger

Es un deporte de lo más friki donde se combinan la pelota y las armas, y en el que lo que predomina no es la fuerza, sino la estrategia y la rapidez.

El mecanismo es simple: dos equipos de cinco jugadores con una pelota que tienen que marcar tantos en la base rival. Solo un jugador lleva el **jugg** (la pelota) mientras que los otros cuatro defienden su base y a su corredor con las armas. El que marque más tantos gana.

El equipo consiste en un corredor al que llaman **qwick**, que es el portador de la pelota, que debe llevar en las manos; tres **pomphers**, que son los jugadores que llevan los **pompfen**, que son armas largas consistentes en palos recubiertos de material blando y cuya misión es bloquear al contrario. Y un **kettenman** que es el portador de la cadena.

Las armas que portan consisten en un **Q-tip**, que es un palo de dos metros con dos zonas de bloqueo, similar a la espada de Darth Maul; un **bastón** que mide 1,80 m y que tiene una parte para bloquear y otra para defender; un **mandoble**, similar a una espada a dos manos, una espada y un escudo. Y una **cadena** que puede medir hasta tres metros rematada por una pelota de gomaespuma.

El qwick no porta armas, pero se puede defender del qwick rival luchando cuerpo a cuerpo.

KATSUHIRO OTOMO

AKIRA ES ÉL

(1954) Director y guionista de manga y anime, los frikis y otakus del mundo lo reverenciamos principalmente por ser el director de "Akira", una de las películas más influyentes del anime de las últimas decadas, así como por ser el artista/guionista del manga original en el que se basa la película.

top100frikis

KE HUY QUAN

¡ES UNA TUAMPA!

(1971) Ex actor vietnamita, especialista de artes marciales y coreógrafo. Puede que la profesión no te diga nada, pero si decimos que es Data en "Los Goonies" o Tapón en "Indiana Jones y el Templo Maldito" (la segunda de la saga) seguro que sí. También ha coreografiado luchas en "X-Men".

gourmet friki

16

Los frikis somos los gourmets más exigentes del mundo. Pero, ¿qué es lo que nos gusta tanto a los frikis de la comida? Que la comida tiene que entrarte por la vista antes de por la boca es un dicho que los frikis llevamos al extremo. Las cosas más simples cocinadas de la manera correcta son las más deliciosas. Como diria un hobbit, «la felicidad es sopa de champiñones para el alma».

Frikimenú para todos los gustos

espaguetis a la wookie

De entrante tenemos a un wookie de Star Wars, que más que nuestro querido Chewi para mí es su señor y espaguetoso padre Attichituck. Como curiosidad de este personaje, o más bien de esta raza, su primera aparición no es en Star Wars, sino que se hace referencia de ella en la anterior película de Lucas, THX 1138. Pues como diria un wookie, «Aaaa guhaaaarrrruhaaaarrrrrnnn uhnnnn nnn uhnhhAAAAAAAAaaa rrrrrrrnnhhhh, HHHurrRRRRRRRRnhhhh. UUUHHHGGG-rrrr! UUUHHHGGG-rrrrRRR! Rico rico y con fundamento».

arroz al totoro

Totoro es el personaje más conocido y famoso del Studio Ghibli. Esta deidad de los bosques, que en este caso se conforma en arroz, es uno de los iconos más importantes en el mundo de la animación y el anime. Totoro es una especie de semidiós, un espíritu bueno del bosque. Tiene un par de seguidores, los cuales van creciendo y aprenden cosas de su superior con vistas a ser destinados a otros bosques, ya que los más mayores acaban retirados en lugares como el que podemos ver en el film El viaje de Chihiro.

KEVIN SMITH

UN CHICO DE JERSEY

(1970) Este director, guionista y actor se ha ganado con creces un hueco es nuestra lista de frikis, basta con ver "Clerks" y sus guiones plagados de referencias a cómics y películas del género. No en vano, también es dibujante de cómics y el gran Bob "el Silencioso" en sus películas.

top100frikis

LEONARD NIMOY

SPOCK FOREVER

(1931-2015) Actor, director, poeta y fotógrafo conocido por su papel de Sr. Spock en "Star Trek". Nimoy no fue solo un actor encasillado, sino uno de esos pocos privilegiados que podían presumir de encarnar, de la cabeza a los pies, a uno de los más grandes iconos de la cultura friki.

pizza del lado oscuro

Las referencias a Star Wars han de ser variadas y ricas en hidratros de carbono. Aquí tenemos en pizza con aceitunas negras (como el corazón de un Sith) a Darth Vader, el malo de los malos que en este caso debe de estar para chuparse los dedos y a la Fuerza. Decir que para las cuatro películas en las que aparece el traje lleva diferencias y que en todas las ocasiones de cada una de las películas Vader ha lucido y estrenado un traje diferente cada vez.

HECHO DE CARNE, ATRAVESADO POR UN CUCHILLO Y RODEADO DE ENSALADA ES COMO MUCHOS QUERRÍAN VER A JAR JAR BINKS, UNO DE LOS PERSONAJES MÁS ODIADOS DEL UNIVERSO STAR WARS

escalope al bioshock

Bioshock es uno de esos juegos que poseen una estética sin precedentes y un gran guión, el cual no tiene desperdicio. Su mezcla entre terror, tecnología y acción le encumbran como uno de los mejores juegos de siempre. Pero una historia tan buena no aparece así como así, sino que nace de una novela llamada La Rebelión de Atlas, de Ayn Rand. Elaborado con carne empanada, albóndigas, patatas y arroz, la verdad es que te entra el apetito al verlo.

pizzas con mucha acción

Y para acabar este delicioso menú, un par de pizzas, una con el simbolo de Superman y otra con el anagrama de la saga de juegos de lucha de Mortal Kombat. Que por lo que parece es una pizza margarita, sin más añadido que mucho arte al poner el queso en cuestión y que a mi parecer le falta algún otro ingrediente más para hacerla más suculenta. Una de las curiosidades que más me llaman la atención de este juego es que tuvimos que esperar cinco versiones para poder saber qué técnicas de lucha y artes marciales utilizaban cada luchador en los MK.

ESTO SÍ QUE ES UNA SUPERPIZZA, Y NO LAS FAMILIARES DE TELEPIZZA

algunos otros platos para degustar...

PAELLAS JEDIS...MUCHO MEJORES QUE LAS FIDEUÁS DE LOS WOOKIES, DÓNDE VA A PARAR

BEBIDAS ISOTÓNICAS SÍ, PERO AL ESTILO GAMER

CON ENSALADAS ASÍ CUALQUIERA SE AFICIONA A LAS VERDURAS

AQUÍ VEMOS A UN ANDREU BUENAFUENTE HECHO DE ARROZ Y VESTIDO DE BATMAN VIGILANDO UNAS HAMBURGUESAS QUE TIENEN UNA PINTA BUENÍSIMA

ENSALADA DE RÁBANOS, ¡PUAJ! MEJOR DE CHAMPIÑONES ROJOS QUE TE HACEN CRECER

GODZILLA Y JAPONESES EMPANADOS CON GUARNICIÓN DE RASCACIELOS Y BOSQUECILLO AL VAPOR

ESTAS SON LAS GALLETAS DE CHOCOLATE MÁS POPULARES ENTRE LOS FRIKIS JAPOS

LESLIE NIELSEN

RÍETE COMO PUEDAS

(1926-2010). Conocido mundialmente como Frank Drebin en la mítica sada "Agárralo como puedas" y tantas otras cintas de humor absurdo como "Aterriza como Puedas", "Espía como puedas" o "¡Vaya un fugitivo!". ¡Incluso se atrevió con el cine español con un cameo en "Spanish Movie"!

top100frikis

MATTHEW PERRY

EL AMIGO CHANDLER

(1969) Decir Matthew Perry es decir Chandler Bing, el protagonista más sarcástico de la mítica serie "Friends". Es uno de los miembros del elenco a los que más se le ha visto desde que acabó la serie, tanto en cine como en televisión. Ahora está haciendo de imalo! en "The Good Wife".

repostería friki el arte hecho postre

La gran mayoría de los eventos sociales suelen acabar de la misma forma: con una tarta. Sí, amigos, las tartas, ese festival de levadura y azúcar que pone el broche de oro a todo atracón que se precie en cumpleaños, bodas, reuniones de amigos y todo tipo de comilonas de guardar. Pero hay tartas y tartas. ¿Y qué pasa con nosotros los frikis? ¿Nos tenemos que conformar con una milhojas cualquiera o un brazo de gitano corriente? Por supuesto que no, nosotros necesitamos mucho más que un hexaedro de chocolate. A todos nos gustan las tartas, galletas y pastelitos, pero si además eres friki lo de ser un goloso pasa a otro nivel...

UNA TARTA DE LEYENDA... DE ZELDA

NO HAY CUMPLEAÑOS DE ROLERO BUENO QUE NO TENGA UNA TARTA DRAGÓN

LOS PIRATAS DE BIG MOM ESTARIAN ENCANTADOS DE DEVORARLA

SOLO UNA TARTA DE CHUCK NORRIS PODÍA CARGARSE UN CUCHILLO...

EL UNIVERSO "STAR WARS" A LA HORA DE HABLAR DE TARTAS ES CASI TAN GRANDE COMO EL GALÁCTICO

"UN DONUT PARA ATRAEROS A TODOS Y ATAROS EN LAS TINIEBLAS"... VAMOS, PARA QUE OS PONGÁIS CIEGOS

HELLO KITTY TERMINATOR, CUPCAKES DE SUPERHÉROES O DE POKEMONS, E INCLUSO UNA DELICIOSA TARTA DE LA MÍTICA CONSOLA DE ATARI... ¿ALGUIEN SE PUEDE RESISTIR?

MICHAEL J. FOX

VIAJERO EN EL TIEMPO

(1961) Un clásico del cine de los ochenta. Es un canadiense afincado en los EE.UU. que se ganó su puesto en Hollywood. En nuestros corazones siempre será recordado como Marty McFly, ese chico que, por accidente, viajó a 1955 en un DeLorean para acabar enamorando a sus propios padres.

top100frikis

MICHAEL MOORCOCK

EL PADRE DEL MULTIVERSO

(1939) Tanto empeño puso en sus mundos de fantasia tecnomedieval que acabó por crear "El Multiverso", un espacio de universos paralelos en donde se intercambian varias de sus creaciones literarias, cuyos sus antihéroes se conexionan encarnados en un único Campeón Eterno.

menaje de cocina para frikis

Los utensilios de cocina de calidad son importantísimos a la hora de ponerse a cocinar, pero los de los frikis son además una extensión del que cocina. No es lo mismo cortar pimientos con un cuchillo cebollero que con un D'k tahg Klingon, por ejemplo.

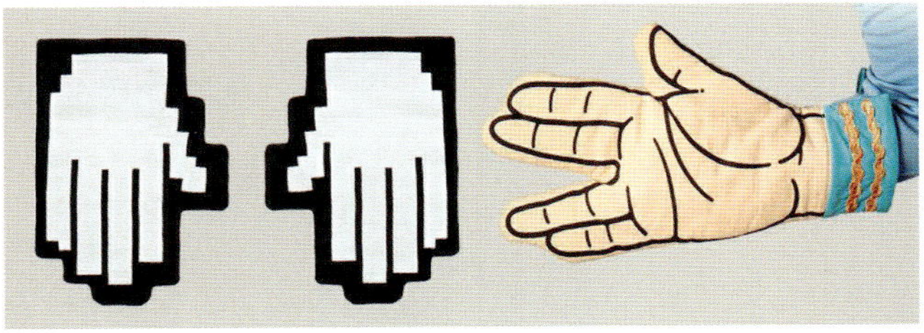

UNAS BUENAS MANOPLAS PARA NO QUEMARTE NUNCA

LED DE LUZ PARA EL GRIFO DE LA COCINA: ROJO (CALIENTE) Y AZUL (FRÍO); SOLO PARA JEDIS

SARTENES ANTIADHERENTES DE ACERO VALYRIO

DELANTALES, TABLAS DE CORTAR, HAY ABSOLUTAMENTE DE TODO...

SI LO TUYO SON LAS BARBACOAS, CON ESTA SERÁS EL REY DE TODO PONIENTE

de la ficción a la realidad

En los años ochenta me moria por poder tomar "jugo de gomibaya", la bebida predilecta que bebían los Osos Gummi. Por supuesto, nunca pude probarla, como tantas chuches y comidas de ficción. Pues ¡nunca más!. El auge de la cultura friki ha hecho posible que podamos probar las delicias con las que algunos de nuestros héroes se refrescan el gaznate y se llenan la panza.

POR FIN PUEDES BEBER LA CERVEZA FAVORITA DE HOMER SIMPSON

LAS SCOOBYGALLETAS ERA LO ÚNICO QUE DABA VALOR AL COBARDE DE SCOOBY-DOO

TRU BLOOD, DESARROLLADA COMO UNA "SANGRE SINTETICA" QUE NO SABE A SANGRE (COSA DECEPCIONANTE PARA MUCHOS) PUES ES UN REFRESCO CON GAS CON SABOR A NARANJA.

LAS ESTRELLITAS DE COLORES O "SUSUWATARIS" QUE TANTO LE ENCANTABAN A TOTORO

NORMALMENTE DE CRÍO NO TE SUELEN GUSTAR MUCHO LAS JUDÍAS (POR MUY FRIKI QUE SEAS). A NO SER QUE SEAN LAS JUDÍAS MÁGICAS DE GOKU Y SUS AMIGOS...

LA CERVEZA ROMULIANA PROHIBIDA EN LA FEDERACIÓN DE PLANETAS AHORA ES UNA BEBIDA ENERGÉTICA

MIKE MYERS

EL QUE TE ACHUCHÓ

(1963) Este cómico (y productor) canadiense es quizás más reconocido disfrazado que con su aspecto habitual. Fue miembro de "Saturday Night Live", uno de los protas y guionistas de "Wayne's World", la voz original de Shrek... Y, sobre todo, el espía británico Austin Powers.

top100frikis

MILLA JOVOVICH

MULTIPASS

(1975) Actriz, modelo y cantante de ascendencia ucraniana y nacionalidad estadounidense cuyo papel más importante es sin duda el de Alice en la saga de "Resident Evil", que ya va por su sexta entrega, aunque todos los frikis reconocemos en ella a Leeloo de "El Quinto Elemento".

restaurantes frikis

ninja restaurant (nueva york ee.uu.)

Entrar en el Restaurante Ninja de Nueva York es como vivir una película. Nada más entrar los clientes tienen que recorrer unas grutas y atravesar unas trampas hasta llegar a unas cuevas donde se encuentran las mesas. Un castillo japonés de la época Edo y una aldea ninja son el escenario perfecto para que unos camareros Ninja te sirvan la comida entre ataque y ataque del clan rival.

alicia en el país de las maravillas (tokio, japón)

Podríamos decir que entrar en este restaurante es como caerse por una madriguera de conejo. Sus salones son una pasada, como sacados directamente de la mente de un sombrerero loco y reproducen a la perfección el País de las Maravillas: lámparas de cartas y corazones, tazas gigantes, laberintos de césped e incluso naipes-soldado, y sus paredes están tapizadas con ilustraciones de la obra de Lewis Carroll y enormes libros apilados decoran el lobby. Los camareros van vestidos de sombrereros locos mientras que las camareras son la versión asiática de Alicia (no os digo más).

cómic planet (córdoba)

¿Qué puedo decir de este sitio? Pues que es un templo al frikismo donde se juntan dos de las mejores cosas de la vida para un friki, a saber: fast food (de la sana, no las guarrerías que te dan en ciertas cadenas) y cómics. La ambientación y decoración interiores son espectaculares. Tienen un nivel altísimo, los personajes están dibujados exactamente igual que los originales. La decoración cubre hasta el último rincón disponible. Un auténtico paraíso para los amantes del cómic y frikis en general.

la taberna del dragón verde (sevilla)

¿A quién, tras una dura jornada de trabajo, no le ha apetecido alguna vez tomarse una pinta de hidromiel en La Taberna del Dragón Verde como si de un hobbit se tratara? Pues en Sevilla puedes hacerlo. Muy cerca del Guadalquivir (como toda tasca medieval que se precie, debe tener un arrollo cerca), este local te libera del asfalto en el que vives para trasladarte instantáneamente a la Tierra Media. Su decoración bien podría haber sido encargada por el propio Peter Jackson para un rodaje "versión cañí" de El Señor de los Anillos. Su cuidada decoración, construida casi completamente por uno de sus socios fundadores, Ricardo Hernández, hace que la Taberna de José y Chuso sea la más indicada para esconderte de los jinetes negros. Entre sus bebidas tienes "Sangre de Orco", "Bloody Kitty" o... ¡¡Hidromiel!!, una bebida en varios sabores elaborada por una empresa local, "Valhalla", que empezó su andadura abasteciendo a este mismo local.

Como detalle curioso y friki del local decir que se inauguró el 13 de diciembre de 2002, justo una semana antes del estreno de El Señor de los Anillos, y en él se realizan actividades tan variopintas como juegos de rol, conciertos, actividades culturales, fiestas temáticas con disfraces y... ¡el cumpleaños de Bilbo! Desapareció de Hobbiton, pero se instaló en Sevilla. Y por si os lo preguntabais: sirven en pintas y medias pintas (y un vaso especial de litro y medio, la medida idónea para el perfecto montaraz).

NEIL GAIMAN

OTRA FANTASÍA

(1960) Escritor de cómics y fantasía. Su creación más famosa es la serie de cómics "The Sandman". Aficionado a los libros de CS Lewis, J.R.R. Tolkien o Edgar Allan Poe en su infancia, estos le han llevado a escribir maravillas como "El libro del cementerio", "Stardust" o "Coraline".

top100frikis

ORSON SCOTT CARD

EL PADRE DE ENDER

(1951) Escritor estadounidense de ciencia ficción cuyos fans nos contamos por cientos de miles y no solo porque se parece un montón a Martín Piñol (googlea el nombre si no sabes de quién hablo y entenderás el chiste) sino por una única obra en particular, la grandiosa "El juego de Ender".

recetas frikis

LAS LEMBAS O "PAN DEL CAMINO" SON UNA DE LAS "VIANDAS" MÁS FAMOSAS DE LA LITERATURA FANTÁSTICA, NO EN VANO AYUDARON A FRODO Y AL RESTO DE LOS HOBBITS A RECORRER SU PENOSO CAMINO

pan de lembas

No hay alimento mejor si tienes que viajar a Mordor y llegar conservando tus fuerzas que las lembas élficas, tambien conocidas como pan del camino son el alimento perfecto para el viajero ya que no solo proporcionan energía al cuerpo, sino que también alimentan el espíritu. Un nutritivo y delicioso alimento, capaz de mantenerse fresco durante largo tiempo y de satisfacer el apetito con tan solo un bocado.

INGREDIENTES

- 2 yemas de huevo
- 75 gramos mantequilla
- 200 gramos de harina
- 100 gramos de miel
- 1 cucharada de canela en polvo
- 1 cucharada de levadura de pan (en polvo)
- 100 gramos de almendras peladas y picadas
- 20 gramos de café natural o té molido
- 80 ml de litro de limón

(Se pueden sustituir las almendras por nueces y el zumo de limón por zumo de naranja para alternar el sabor)

PREPARACIÓN

1. Coge la harina, los huevos y la mitad de la mantequilla. Amásalo un poco hasta que coja consistencia.
2. Añádele la miel, el zumo y la levadura, y continua amasando hasta que la masa sea homogénea.
3. Incorpora las almendras y el café hasta que consigas una masa uniforme.
4. Enciende el horno y precalientalo a 175 grados.
5. Unta la bandeja en la que vas a hornear las Lembas con el resto de la mantequilla y pon la masa dándole formas redondeadas.
6. Deja las Lembas en el horno hasta que queden ligeramente tostadas, aproximadamente unos 20 minutos.
7. Una vez tostaditas y todavía calientes, espolvoréalas con canela y envuélvelas en hojas. Puedes utilizar tipos de hoja de verdad como la de parra o papel verde decorado como una hoja.

PATRICK STEWART

STAR TREK Y X-MEN

(1940) El capitán Pickard es uno de sus papeles más reconocidos en "Star Trek", la mítica saga interplanetaria para la que ha realizado trabajos tanto para el cine como para la televisión. Además, es nada menos que el profesor Xavier en la saga cinematográfica de los X-Men.

top100frikis

PETER JACKSON

EL TOLKIEN DIRECTOR

(1961) ¿Quién podía predecir que aquel chico que empezó en el cine gore con títulos como "Mal gusto" sería uno de los directores más aclamados del siglo XXI. Su auténtico "boom" llegó en 2001 con la trilogía de "El Señor de los Anillos". Desde entonces, poco más que decir. Bravo.

sopa plomeek

En su paso por la galaxia, este plato ha recibido personalizaciones de todos los que, usándola como ejemplo de disciplina, o por el placer de agradar a un Vulcano, se han servido de ella; entre los más notables se encuentran Neelix, chef encargado de la USS Voyager, quien la personalizó dándole color y sabor; y el propio James Tiberius Kirk quien, propio de su espíritu, le dio un sabor que la acercó más al paladar terráqueo.

INGREDIENTES

- ☞ 12 cucharadas de mantequilla con sal
- ☞ 2 cebollas medianas
- ☞ 1/2 kilo de zanahorias
- ☞ 1/4 kilo de nabos
- ☞ 1/4 kilo de patatas
- ☞ 2 tomates maduros
- ☞ 1 litro de agua
- ☞ 2 dientes de ajo picados
- ☞ 2 medias cucharaditas de sal
- ☞ 3/4 de cucharadita de albahaca seca
- ☞ 1/4 de cucharadita de nuez moscada
- ☞ 1/4 de cucharadita de pimienta
- ☞ 2 cucharadas de cilantro picado
- ☞ 1 lata de nata espesa

NEELIX NO TIENE ESTRELLAS MICHELÍN, TIENE SUPERNOVAS

PREPARACIÓN

1. Pelar y picar las patatas, nabos y zanahorias finamente. Hervir durante una hora hasta que se ablanden.

2. Sofreír la cebolla y el ajo con la mantequilla hasta que cristalicen.

3. Retirar del fuego, reservar parte del caldo, licuar las verduras junto a la sal, las especias, la albahaca, los tomates maduros, la cebolla y el ajo sofritos con la mantequilla y el cilantro; añadir caldo hasta lograr consistencia cremosa. Llevar al fuego de nuevo y dejar hervir durante media hora más.

4. Servir. Decorar con la crema espesa y ramitas de cilantro.

5. Si usas una olla de cocción lenta vierte los ingredientes picados y limpios en ella con solo medio litro de agua durante ocho horas. Licuar, servir y decorar.

gyūdon

Es la comida preferida del personaje de manga y anime Kinnikuman, conocido en España como Musculman o Musculator. En el anime había incluso una canción dedicada al gyūdon con baile coreografiado incluido, que cantaba Musculator antes de empezar a comer. La letra decia así:

«300 años seguidos de gyūdo
¡qué rápido (se prepara)!
¡qué bueno (está)!
¡qué barato (es)!»

MOMENTOS IMPAGABLES LE HAN DADO ESTOS DOS A LA GASTRONOMIA FRIKI

INGREDIENTES

- ☞ 14 tazas de arroz hervido (tipo paella o grano redondo)
- ☞ 450 gramos de ternera muy finamente cortada
- ☞ 1 cebolla
- ☞ 2 tazas de caldo Dashi
- ☞ 5 cucharadas salsa de soja
- ☞ 3 cucharadas de Mirin
- ☞ 2 cucharadas de azúcar
- ☞ 1 cucharadita de sake (licor de arroz)
- ☞ Topping: Beni shoga (jengibre rojo rallado), huevo y cebolleta (opcional)

PREPARACIÓN (Ternera con arroz)

1. Corta la cebolla en rebanadas finas.
2. Corta la ternera en trozos o bocados finamente.
3. Pon el caldo dashi, la salsa de soja, el azúcar y el mirin en una cazuela.
4. Añade la cebolla y cuécelo a fuego lento durante unos minutos.
5. Añade la ternera a la cazuela y cuécuela a fuego lento durante unos minutos más.
6. Sirve el arroz caliente cocido en un cuenco profundo. Pon la mezcla de ternera encima del arroz.
7. Coloca un poco de jengibre encurtido, un huevo semicocido o cebolleta finamente cortada por encima y listo.

PHILIP K. DICK

EL HENDRIX DE LA SCI-FI

(1928-1982) Escritor, novelista, el "Jimi Hendrix de la ciencia ficción moderna", cuya influencia revoluciono el género. Su novela "El hombre en el castillo", galardonada con el Premio Hugo a la mejor novela en 1963, es una obra maestra del subgénero de la ciencia ficción denominado "Ucronía".

top100frikis

RAY BRADBURY

FANTÁSTICO ESCRITOR

(1920-2012) Uno de los grandes autores de la ciencia ficción, la fantasía y el terror. Sus obras más conocidas por los frikis de todo el mundo son "Crónicas marcianas" y la novela distópica "Fahrenheit 451". Gracias a él sabemos que los marcianos seremos nosotros mismos en el futuro.

Infancia friki

DORAEMON, UNO DE LOS ANIMES MÁS FAMOSOS DE LA HISTORIA Y LA "MASCOTA" QUE MUCHOS TUVIMOS EN NUESTRA INFANCIA

17

Una parte muy importante en la vida de un friki es su infancia: los juegos en la calle con los amigos, las aventuras, sus juguetes, las series que vio de niño, sus dibujos y programas de la tele... todo lo que le ha llevado a su actual estatus de friki. Vamos a ponernos nostágicos y a rebuscar en el baúl de los recuerdos algunos de ellos ¿A que os suenan? Frase de mi madre: «Qué raro eres a veces y que cosas más extrañas te gustan, hijo. Pareces un "Friski" de esos».

LA ÉPOCA EN LA QUE TE HICISTE "FRISKI"

las series de tv

Da lo mismo si creciste en los setenta, los ochenta o los noventa. Seguro que algunas de estas series te sonarán. Las echaban por la tarde, a la hora de la cena o los fines de semana, y peleábamos por pillar un buen sitio en el sofá. Si en tu infancia existía el mando a distancia tuviste mucha suerte. En la mía el mando era yo, que siempre tenía que ir a cambiar el canal de la tele. Suerte que entonces solo teníamos dos canales en la Telefunken en blanco y negro de casa.

KOJAK: EL DETECTIVE QUE DEVORABA UNOS CHUPACHUPS QUE SE HICIERON REALIDAD

LOS HOMBRES DE HARRELSON: "TEJOTA AL TEJADO", UNA FRASE MÍTICA

STARSKY Y HUTCH: POLIS PASOTAS DERRAPANDO EN UN GRAND TORINO ROJO.

ESPACIO 1999: NAVES DE POLIESPÁN PILOTADAS POR EL GRAN MARTIN LANDAU

BENNY HILL: EL HUMOR INGLÉS MÁS GUARRETE DE LA HISTORIA DE LA TV

RICHARD DEAN ANDERSON

MacGYVER, Y PUNTO

(1950) Aunque su carrera no se queda ahí, este actor siempre será recordado como MacGyver, un tipo capaz de fabricar cualquier cosa con chatarra. Recientemente ha interpretado al general Jack O'Neill en la serie "Stargate", papel que interpretó Kurt Russell en la película original.

top100frikis

RICHARD MATHESON

ÉL SÍ QUE ES LEYENDA

(1926-2013) El escritor y guionista de fantasía, ciencia ficción y terror más grande de todos los tiempos (en nuestra humilde opinión). Su "Soy Leyenda" es mítico y algunos de sus guiones para la serie de TV "The Twilight Zone" son historias de culto para cualquier friki que se precie de serlo.

LOS ÁNGELES DE CHARLIE: LOS NIÑOS ESTABAN ENAMORADOS DE ELLAS Y LAS NIÑAS QUERÍAN SER TODAS FARRAH (LA RUBIA)

LUZ DE LUNA: CUANDO DESCUBRIMOS A BRUCE WILLIS AÚN TENÍA PELO

CORRUPCIÓN EN MIAMI: DETECTIVES GUAPOS EN FERRARI TESTAROSSA

TWIN PEAKS: ¿AL FINAL SE SUPO QUIÉN MATÓ A LA DICHOSA LAURA PALMER?

EL COCHE FANTÁSTICO: DAVID HASSELHOFF HABLABA CON SU COCHE CON LUCECITAS

COSAS DE CASA: STEVE URKEL SE CONVIRTIÓ POR MÉRITOS PROPIOS EN UNO DE LOS SERES MÁS ODIADOS DE NUESTRA INFANCIA

EL EQUIPO A: LA FURGONETA ERA CASI TAN PROTAGONISTA COMO ELLOS

MACGYVER: ESTA SERIE FUE LA PRECURSORA DE "BRICOMANÍA"

WALKER TEXAS RANGER: CHUCK NORRIS, NO HACE FALTA DECIR NADA MÁS...

EL PRÍNCIPE DE BEL AIR: WILL SMITH JUNTO AL SIN PAR CARLTON BANKS

EL PLANETA DE LOS SIMIOS: ADAPTACIÓN DE LA MÍTICA PELI DE CHARLTON HESTON

EL VIAJERO DEL TIEMPO: VIAJAR AL PASADO O FUTURO SIN NECESIDAD DE DELOREAN

XENA, LA PRINCESA GUERRERA: CHICAS BUENORRAS BLANDIENDO ESPADAS

EMBRUJADAS: BRUJAS QUE SALÍAN INCLUSO DE "SENSACIÓN DE VIVIR"

RICK MORANIS

BAJITO Y GAFITAS

(1953) Poco hay que decir sobre esta reconocidísima cara para los que nos criamos con el cine de los ochenta por títulos como "Los Cazafantasmas", "La loca historia de las galaxias", "La tienda de los horrores", "Cariño, he encogido a los niños", "Calles de fuego" o "Los Picapiedra".

top100frikis

ROGER CORMAN

EL REY DE LA SERIE B

(1926) Productor, actor y director de cine, fue el responsable de la memorable saga de adaptaciones de Edgar Allan Poe que protagonizó el mítico Vincent Price o muchos de los clasicos de la serie B como "La pequeña tienda de los horrores" o "El hombre con rayos X en los ojos".

aquellos maravillosos años

La primera vez que vi "Star Wars" tenía ocho años y no volví a ser el mismo

hank

Tenía una caja de galletas en la que guardaba todos mis tesoros: llaveros, tazos, canicas, cromos de aviones y camiones...

joni

Empecé a ir hacia el lado del frikismo cuando tuve mi primer ordenador, un ZX Spectrum

ana

Cuando era niño mis inspiraciones fueron Egon de "Los Cazafantasmas" y el Dr. Emmett Brown de "Regreso al Futuro"

karlos

"Mazinger Z", "Heman", "Dragones y Mazmorras", "Transformers", "Gi Joe", "Ulises XXXI"... ¿Pero qué mierda de dibujos hay ahora?

lucas

Yo quería hacer la comunión vestida de Leia. Al final "La Fuerza" me acompañó y llegamos a un acuerdo: vestí el traje de comunión pero con el peinado de la Princesa

maría josé

ROWAN ATKINSON

NO SIN MI OSITO

(1955) Aunque todo el mundo lo conoce como "Mr. Bean", la carrera de Rowan no se queda en esta serie de TV ni por asomo. Ha interpretado a multitud de personajes en teatro y TV como La Víbora Negra, Johnny English, o el parlanchín y entrañable Zazú en "El Rey León".

top100frikis

SERGIO ARAGONÉS

EL PADRE DE GROO

(1937) Dibujante de cómics español, leyenda viva de la revista "MAD" y conocido por dibujar chistes en los márgenes de sus páginas. Es autor de su propia historieta, "Groo", sobre un guerrero no muy inteligente. Un día le dio por destruir el universo Marvel y DC en uno de sus cómics.

EL UNIVERSO "DRAGONES Y MAZMORRAS" INVADIÓ TODOS LOS ÁMBITOS DEL OCIO: TELEVISIÓN, JUGUETES, CÓMICS, JUEGOS DE ROL, ETCÉTERA

dragones y mazmorras

Si hubo una serie animada en los ochenta que nos caló hondo a los frikis esa fue Dragones y Mazmorras. La serie estaba basada en los juegos de rol y novelas Dungeons&Dragons, y contaba las aventuras de un grupo de muchachos que se monta en una atracción de feria y es transportado a un mundo de fantasia mágica donde se les dotará de poderes para luchar contra un enemigo temible, Venger. La serie fue cancelada y el último episodio nunca fue realizado, pero... Michael Reaves reveló en su web que él fue el autor del guión del último episodio, que jamás entró en fase de producción, y colgó el script original Reproducimos en la página siguiente las últimas líneas del mismo para que te puedas quitar esa espina de infancia de una vez por todas.

el final que nunca pudimos ver

AMO DEL CALABOZO (emocionado):
Gracias, mis jóvenes pupilos. Habéis hecho algo que no estaba en mi mano. Me habéis devuelto a mi hijo.

Los chicos se miran unos a otros confundidos

ERIC (dirigiéndose al Amo del Calabozo):
¿Usted es el padre de Venger?

PRESTO
Pues no se parecen mucho.

VENGER
Hace miles de años, elegí seguir a otro Amo, el del Mal. Encerré en este mausoleo todo aquello que el Amo del Calabozo me había dado. Y ahora vosotros me habéis liberado.

El plano incluye toda la estancia. El Amo del Calabozo levanta las manos, y un último rayo mágico cruza veloz la habitación, impacta cerca de los chicos y forma un portal. Dentro pueden ver el parque de atracciones.

LOS CHICOS (asombrados)

AMO DEL CALABOZO
Vosotros habéis sido en este Reino privados de vuestra libertad. No puedo hacer menos por vosotros: sois libres para regresar a vuestro mundo, si lo deseáis...

Plano de los chicos. Se miran con alegría e incredulidad y al Amo del Calabozo.

AMO DEL CALABOZO
...O podéis permanecer aquí, en el Reino. Todavía hay mucho mal que debe ser combatido y hay muchas más aventuras.

Plano amplio. Los chicos y Uni permanecen frente al portal, con el Amo del Calabozo a un lado y Venger en el otro.

AMO de CALABOZO
La elección, mis pupilos, es vuestra.

Los chicos se miran unos a otros, sonriendo, lágrimas de felicidad en los ojos, se preparan para tomar la decisión más importante de sus vidas. Alargar el plano por la pared rota del mausoleo, sobre el borde del Reino, subiendo por las montañas y las nubes, hasta que abarquemos una vista increíble. El Reino en sí mismo, con sus tierras y sus innumerables formas de vida, sus peligros y alegrías: ahora un nuevo Reino, pero ahora y siempre el Reino de Dragones y Mazmorras.

SETH MACFARLANE

UN "PADRE DE FAMILIA"

(1973) Creador y director de algunas de las series de animación más irreverentes de la televisión: "Padre de Familia" o "Padre Made in USA", donde aparte presta su voz a muchos de sus personajes. Como friki que es, ha aparecido en "Star Trek" y "Hellboy II". Y ha presentado los Oscar.

top100frikis

SETH MEYERS

EL ALMA DEL SNL

(1973) Imprescindible en las noches televisivas de Norteamérica. Fue supervisor de guiones y presentador del noticiario "Weekend Update", del imperecedero y popular programa "Saturday Night Live". En 2014 pasó a presentar en la NBC su propio programa: "Late Night with Seth Meyers".

dominación mundial friki

18

20 DIRECTRICES
PARA DOMINAR EL MUNDO

El FRIKI de a pie procura pasar por la vida sin hacer ninguna maldad en concreto. Lo mismo de pequeño pone algún que otro petardo en una caca de perro, llama a algún timbre y sale corriendo o pinta algún pene en un retrete público... Pero cuando crece se apacigua y va a lo suyo. Lo más diabólico a lo que llega es a querer vencer en la caza de orcos a otro friki rival o meter un troyano en el ordenador de su jefe, travesuras al fin y al cabo.

Pero el FRIKI supremo, el que es friki hasta la médula no se queda ahí. Toda esa ira por los insultos, vejaciones y menosprecio que ha ido acumulando en vida, la concentra en algo mayor, más transcendente, un plan que le haga reírse vengativamente desde lo más alto. Bill Gates lo intentó, y aunque solo llegó a ser el amo y señor de la multinacional informática que más errores de sistema ha dado hasta la fecha, buscaba ir más allá.

Efectivamente, hablamos de “DOMINAR EL MUNDO”.

Pero dominar el mundo no es tarea fácil, muchas almas de paz intentarán que tu propósito muera en el intento. Nosotros no ansiamos el mundo, pero tampoco somos quiénes para impedirlo, así que te daremos algunas “sugerencias” para ser ese bribón malvado que siempre has soñado ser sin perecer en el intento, o al menos para no cometer los errores garrafales en los que caen todos los villanos de cómics, cine y televisión.

01 primero mato, luego pregunto

No cuentes tu plan a NADIE, ni expliques más de lo que debe saber tu madre cuando te encierras en el baño. Dispara a tus enemigos tantas veces como haga falta. Acompáñate por personal médico cualificado que certifique que todo ha ido guay, nada de dejarlos inconscientes y dejarlos en mitad de un bosque o tirarlos al río: ¡sé riguroso, cojones! ¡Ah! Y hazlo rapidito. Mientras más tardes y vaciles, más tiempo les das para que te la devuelvan con queso. Y nunca quieras saber lo que pretendían antes de matarlos, es indiferente para tus planes. No mandes sus cabezas a nadie, ya que das opción a la venganza. Acabas con él, y los restos bien picaditos en una Termomix.

02 no hagas prisioneros (si es posible)

Nada de encerrar a dos de tus enemigos en una misma celda, menos aún si se conocen, podrían fingir una pelea para que entre el carcelero a separarles. La celda debe ser totalmente diáfana, sin nada que pueda matar. Invierte en vigilancia y seguridad y avisa a tus tropas de que no abran nunca la puerta, aunque estén gritando. Los presos son mucho de pedir "agua por favor, imploro clemencia". Pasa de ellos, son presos, no invitados en el barco del amor.

03 rodéate de mercenarios

Vestirás a tus tropas de forma que dé canguelo y con cascos o extras que no tapen su visión (Darth Vader parece que nunca aprendió). Fuera las hombreras de gomaespuma, solo trajes cómodos, con un buen acabado y sobre todo funcionales, que se sientan bien al ponérselo cada mañana. El sexo queda prohibido entre las tropas. Solo contratarás a los más fuertes e inteligentes, ya sean hombre o mujer, nada de discriminación positiva, pero si se enamoran... punto 1. Sin testigos. Los romances, para las pelis de Meg Ryan.

SETH ROGEN

CLON DE JONAH HILL

(1982) Una de las caras imprescindibles en la nueva oleada de "comedia gamberra" norteamericana. Entró en el mundillo del cine con películas como "Virgen a los 40", "Lío embarazoso" o "¿Hacemos una porno?", y es de esas personas con las que sind duda te gustaría irte de juerga en el fin del mundo.

top100frikis

SHIGERU MIYAMOTO

EL ALMA DE NINTENDO

(1952) Decir que es un diseñador y productor de videojuegos japonés que trabaja para Nintendo desde 1977 es quedarse corto a la hora de hablar del... ¡ELPUTOFUCKING-MASTERDELUNIVERSOMUNDIAL del diseño de videojuegos ("Mario", "Donkey Kong", "The Legend of Zelda", etc.).

04 tu guarida, práctica y funcional

Se acabaron las escotillas secretas que van a tu dormitorio. Si hay algún botón de autodestrucción, lo llevas siempre contigo y se activará mediante el reconocimiento de tu voz o huella dactilar o de ojo. Y a quien intente robarlo... punto 1. Nada de grandes botones rojos con letreros que digan "autodrestrucción", "clickea aquí para matar al malo" o "pulsa y corre", que no tenemos cinco años. Y muy importante: nada de mapas del lugar a plena vista, esto no es Disneylandia, que los que trabajen para ti se aprendan el camino, que tampoco es tan complicado.

05 todas las puertas, con su llave y su pomo

Nada de paneles con contraseña o puentear el circuito o reventarlo con TNT. Las llaves las guardarás tú. Comprueba tres veces que has cerrado, que a todos nos ha pasado que cuando ya estás en el coche piensas «¿he echado la cerradura de arriba?» y tienes que volver. No des oportunidad a que puedan copiar las llaves. Y guarda y esconde todo lo que pueda matarte: armas, botes de ácido, campos de energía extraterrestres, la mayonesa por si eres alérgico, etcétera.

06 chitón a la familia

La familia es siempre un peligro, sobre todo los hermanos, ya que les habrás puteado durante tu infancia. Por lo tanto, que no se enteren en ningún momento de lo que haces. A tu familia más vale hacerles creer que eres idiota, así nunca pensarán «¿son cosas mías, o mi hermano quiere dominar el mundo?» o «qué sospechoso que Juanito guarde un cadáver en la nevera».

07 identidad secreta

No le digas a ningún conocido lo que quieres hacer. Hay gente buena que intentará persuadirte acudiendo a tu "bondad oculta"; no tienes de eso, así que si te preguntan qué haces les dices: «estoy montando una tienda de cómics por internet y nadie puede visitar mis instalaciones porque se contaminaría el género». Punto. Si tienes Twitter, pon "_cómico" después del nombre, así creerán que todo lo que dices es un mal chiste, aunque escribas claramente «voy a matar a todos los humanos». Usa después un emoticono de guiño, siempre te cubre la espalda.

08 sin pruebas, pistas ni testigos

No dejes nada al descubierto, no juegues a hacer crucigramas con tus enemigos para demostrarles que eres más listo. No te sientas un Dios "perdonando y dejando vivir". Nada de «eres libre, y dile a los tuyos que están advertidos». ¡MAL! Los "suyos" volverán y te la meterán doblada a lo Nacho Vidal sin vaselina. Cualquier persona que sospeche de ti, sin importar sexo, edad o marca de champú: punto 1.

09 no hay tiempo para el amor

Por muy palote que te ponga la princesa (o príncipe) de turno, amar te quitará tiempo para dominar el mundo. Ve a lo tuyo y tócate las veces que quieras, pero nada de amor. ¡Ni mascotas! Se pueden escapar y tus enemigos las usarán contra ti. Si posees un animal, que sea sanguinario, tanto que quiera matarte hasta a ti. De este modo, no se encariñará con nadie y atacará a todo lo que se mueva.

10 tu mano derecha

Si decides tener un consejero o segundo de confianza, elige a un sumiso sin aspiraciones a ser más poderoso que tú. Una persona sin distracciones, sin pareja ni deseos de tenerla, y lo más importante: MUY MUY MUY INTELIGENTE y MUY MUY MUY bien pagado. Si en algún momento le comentas una idea y ve que no es factible, no dejes que tu ira lo mate, escúchale, que para eso le has contratado.

11 factor sorpresa

Mantén siempre a tus enemigs acojonados y con la incertidumbre al máximo. Haz lo que menos esperen, como que las cuentas atrás de tus explosivos, que vayan de un número a otro de forma aleatoria; invéntate un lenguaje que solo tú conozcas, etcétera...

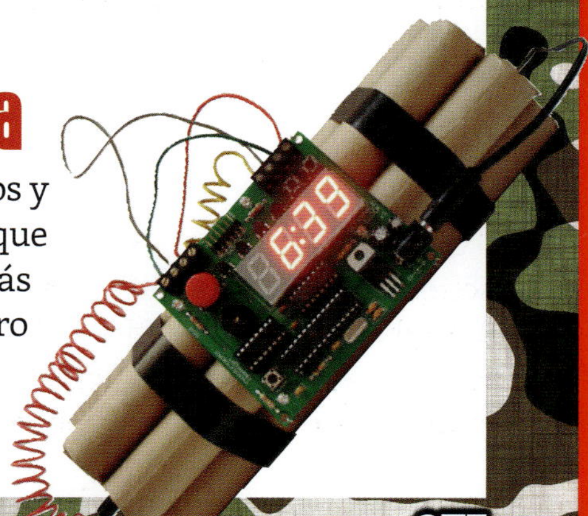

SIGOURNEY WEAVER

RIPLEY DE MIS AMORES

(1949) Conocida como la "reina de la ciencia-ficción". Sus interpretaciones como la teniente Ripley en la saga "Alien" la convirtieron en un icono sexual y una de las mayores heroinas del frikismo. También ha salido en "Ghostbusters", "The Village", "Armas de mujer" o la sin par "Avatar".

top100frikis

STAN LEE

DIOS DEL CÓMIC

(1922) Probablemente lo reconozcas por sus cameos estelares en casi todas las películas de superhéroes Marvel, pero ahí donde lo ves, es el creador de personajes como Spiderman, Daredevil o Los 4 Fantásticos. Como curiosidad, tuvo un programa de televisión en el que buscaba superhéroes en la vida real.

12 ni risas posesas ni pintas estrafalarias

Aparte de ser muy de villano de los ochenta, te restará credibilidad, y como no escojas la risa adecuada puedes inducir a que los otros se rían también, pero de ti. Mira la voz de Voldemort, que más que miedo dan ganas de ofrecerle un caramelo mentolado. Sé elegante, nunca te vistas de cuero como una reinona. Haz saber que eres quien manda, pero sin llamar la atención.

13 arsenal en perfecto estado

No dejes que se estropee tu "rayo mortal eliminador de mundos" sin tener otro guardado en el cajón de los calcetines. Ten siempre a mano baterías de repuesto, destornilladores de estrella, pilas, cinta americana... Nada de mandos a distancia, mirad lo que pasa con el DVD cuando algo tapa el sensor. Usa cables del mismo color, no des opciones a que corten el rojo.

14 armamento a prueba de idiotas

Las pistolas, metralletas, armas láser, cañones, etc. siempre se encasquillan Aprende y enseña a tus tropas a usar también armas de andar por casa: cuchillos, ondas, katanas, lanzas, rastrillos, cortauñas... Todo lo que mate sin gastar efectivos siempre hará que puedas ahorrar.

15 armas desconocidas

Si robas o compras armamento militar secreto, cerciórate primero de cómo funciona antes de tocar nada Es más, no lo hagas tú, déjaselo a tus mejores científicos. No obstante, siempre es mejor crear tus propias armas desde cero, así las tendrás bien controlada.

16 una tropa feliz es una tropa efectiva

Pon en tus instalaciones un cine, un videoclub, bares de copas, atracciones de feria, puticlubs (recuerda, sin amor). Tener a los empleados aburridos y descontentos implica darles opción a que se rebelen contra ti. Si te piden algo que no sea una locura, dáselo; pero si va contra algún puntos de esta lista, punto 1: más vale no tener nunca piedad con los tocapelotas.

17 los planes, que sean facilitos

Eso de girar dos llaves al mismo tiempo, pulsar una secuencia secreta de 10 dígitos o memorizar todos los números de "Lost" en orden es lento, arriesgado y muy estúpido. Si algún artefacto tiene un botón que active algo crucial, ponlo donde no llame la atención, por ejemplo en la tecla de subir volumen; nadie es tan idiota de subir el volumen del ordenador del villano si no quiere que le pillen.

18 calladito estás más guapo

Disimula si algo te irrita. Si tienes curiosidad por algo, abre un expediente y que lo investigue otro. Hazte el tonto y di «podría ser divertido, luego lo miro» o «déjalo sobre mi mesa, le echaré un vistazo cuando tenga un ratito después de hacerme la espalda».

19 no eres dios

Puedes morir, te pueden herir... no eres Spiderman ni un monje a prueba de balas. No luches a pecho descubierto, aunque creas que estás mejor preparado. Aléjate de los precipicios, las habitaciones con calderas humeantes, lugares oscuros, con muchos escondites y con marionetas de payasos.

20 hay que ser rico

Siendo pobre no vas a conseguir ni tecnología ni ejércitos ni ayudante ni armas. Paga a tus súbditos en mano y por adelantado. Recuerda: empleados contentos = dominación del mundo efectiva.

STEVE JOBS

EL HOMBRE DE LA MANZANA

(1955-2011) Si has tenido un iPod, iPad, iPhone o un iMac, has tenido un pedazo de Steve Jobs. Fundó Apple en 1976 junto a Steve Wozniak en el garaje de su casa, lo que le convierte en el friki que más cerca ha estado de dominar el mundo (junto a Bill Gates), si es que no lo hizo hasta que se le llevó el cáncer.

top100frikis

STEVEN SPIELBERG

PARQUE CINÉFILO

(1946) Uno de los nombres más imprescindibles en toda filmoteca que se precie. Es considerado uno de los mejores directores de los dos últimos siglos por títulos como "Tiburón", "E.T." o "Jurassic Park". Todo lo que toca, ya sea cine o televisión, lo convierte en clásico absoluto. ¡Un grande!

calendario friki 19

Todo calendario tiene sus días festivos y de celebración, y nosotros no vamos a ser menos. Los cristianos celebran la Navidad, los musulmanes su fin del Ramadán Eid ul-Fitr, los estadounidenses su Día de Acción de Gracias, los japoneses su Hanami, que es el día de contemplar los cerezos en flor (yo también quiero tener mi día de contemplar cerezos, o palmeras plataneras, o cardos borriqueros... que me gustan a mí las plantas). Pues nosotros hemos elaborado un calendario con los días señalados que todo buen friki debería celebrar.

LA MARMOTA PHIL, SIN DUDA EL "HOMBRE DEL TIEMPO" MÁS FRIKI DEL MUNDO

ENERO		
02	ENERO	CUMPLEAÑOS DE ISAAC ASIMOV
03	ENERO	CUMPLEAÑOS DE J.R.R. TOLKIEN
05	ENERO	CUMPLEAÑOS DE HAYAO MIYAZAKI
	07 ENE	**DÍA DEL COLECCIONISTA**: DA IGUAL SI ERES COLECCIONISTA DE FIGURITAS DE WARHAMMER O DE LLAVEROS DE PIKACHU, ESTE ES TU DÍA
		CUMPLEAÑOS DE EDGAR ALLAN POE
FEBRERO		
	02 FEB	**DÍA DE LA MARMOTA**: LA MARMOTA PHIL DE PUNXSUTAWNEY (PENSILVANIA, EE.UU.) VATICINA LA DURACIÓN DEL INVIERNO SEGÚN SALGA O SE QUEDE EN SU MADRIGUERA.
	04 FEB	**DÍA DEL ORGULLO ZOMBI**: SE CELEBRA EL CUMPLEAÑOS DE GEORGE A. ROMERO, CREADOR DE "LA NOCHE DE LOS MUERTOS VIVIENTES"
		CUMPLEAÑOS DE FACEBOOK
08	FEBRERO	CUMPLEAÑOS DE JULIO VERNE
13	FEBRERO	DÍA DEL SOLTERO
15	FE	CUMPLEAÑOS DE MATT GROENING
20	FE	**DÍA INTERNACIONAL DE SALVAR UN GATITO**: A LOS FRIKIS NOS GUSTAN LAS MASCOTAS Y LOS GATITOS SON NUESTROS PREFERIDOS
21	FEBRERO	CUMPLEAÑOS DE "CHESPIRITO"
24	FEBRERO	CUMPLEAÑOS DE STEVE JOBS
MARZO		
10	MARZO	CUMPLEAÑOS DE CHUCK NORRIS
11	MARZO	CUMPLE DEL "AUTOESTOPISTA" DOUGLAS ADAMS
18	MARZO	CUMPLEAÑOS DE CELS PIÑOL
19	MARZO	CUMPLEAÑOS DE BRUCE WILLIS
20	MARZO	DÍA DE LA FELICIDAD
21	ZO	**DÍA DE LAS MARIONETAS**: NO HAY FRIKI QUE NO TENGA EN SU CORAZONCITO A TRIKY (MONSTRUO DE LAS GALLETAS), LOS FRAGGEL, KERMIT...
25	MARZO	**DÍA TOLKIEN**: DIFUNDIR SU LECTURA COMO SI FUERA LA PALABRA DE DIOS
ABRIL		
01	ABRIL	**DÍA MUNDIAL DE LA DIVERSIÓN EN EL TRABAJO**: INVENTA CHISTES, HAZ BROMAS A TUS COMPAÑEROS, DISFRÁZATE, IMPROVISA UN KARAOKE...
13	ABRIL	DÍA INTERNACIONAL DEL BESO

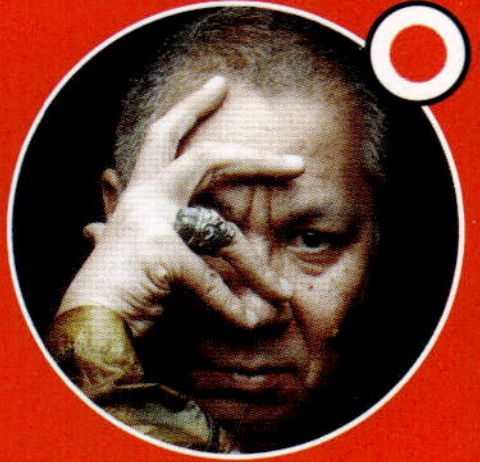

TAKASHI MIIKE

EL MEJOR DIRECTOR JAPO

(1960) Este hombre es un auténtico maquina dirigiendo y escribiendo películas de un nivel de frikismo tan sumamente alto que muchas de ellas ni las entedendemos, pero que nos dejan flipados, como pueden ser "13 asesinos", "Audition", "Ichi the killer" o "Saam gaang yi".

top100frikis

TAKESHI KITANO

EL HARRY EL SUCIO NIPÓN

(1947) Actor, cineasta, comediante, escritor, poeta, pintor, diseñador de videojuegos... Se convirtió en una celebridad televisiva gracias a su capacidad satírica y su humor políticamente incorrecto. creó el célebre programa "Takeshi's Castle", conocido en España como "Humor Amarillo".

21	ABRIL	CUMPLEAÑOS DE YOSHITO USUI
23	ABRIL	DÍA DEL LIBRO Y DE LOS DERECHOS DE AUTOR
28	ABRIL	CUMPLEAÑOS DE TERRY PRATCHETT
	MAYO	
04	MAYO	DÍA DE STAR WARS: MAY THE 4TH BE WITH YOU. LA FONÉTICA INGLESA NOS DA LA CLAVE PARA CELEBRAR EL "DÍA DE LA FUERZA".
12	MAYO	CUMPLEAÑOS DE JESS FRANCO
14	MAYO	CUMPLES DE GEORGE LUCAS Y ROBERT ZEMECKIS
17	MAYO	DÍA DE INTERNET: LOS FRIKIS NECESITAMOS INTERNET EN VENA PARA SOBREVIVIR EN ESTE MUNDO HOSTIL LLENO DE CANIS.
25	MAYO	DÍA DEL ORGULLO FRIKI Y DÍA DE LA TOALLA: PONTE TUS MEJORES GALAS (DE WARIE, TREKKIE, WHOVIAN, MAGNANIME, ETC.) Y SAL A MOSTRAR TU ORGULLO. Y LLEVA TU TOALLA, COMO BUEN AUTOESTOPISTA GALÁCTICO.
		CUMPLEAÑOS DE IAN McKELLEN
26	MAYO	CUMPLEAÑOS DE PETER CUSHING
27	MAYO	CUMPLEAÑOS DE CHRISTOPHER LEE
29	MAYO	CUMPLEAÑOS DE CONSTANTINO ROMERO
	JUNIO	
28	JUNIO	DÍA INTERNACIONAL DEL BLOQ MAYUS (CAPS LOCK): DÍA EN QUE NOS ACORDAMOS DE LAS MADRES DE TROLLS Y SPAMERS QUE ESCRIBEN EN MAYÚSCULAS.
	JULIO	
07	JULIO	CUMPLEAÑOS DE ROBERT A. HEINLANE
13	JULIO	CUMPLEAÑOS DE HARRISON FORD (HAN SOLO)
		DÍA DE ABRAZAR A UN GEEK: A LOS FRIKIS NOS ENCANTAN LOS ABRAZOS Y NO PODEMOS RESISTIRNOS A UN CARTEL QUE PONGA "ABRAZOS GRATIS".
23	JULIO	DÍA DE BATMAN: EL DÍA QUE DC PROPONE PARA RENDIR CULTO AL HÉROE MURCIÉLAGO, YA SEA LEYENDO UN CÓMIC, LLEVANDO UNA CAMISETA O ACOLLEJANDO A ROBIN.
ÚLTIMO VIERNES DE JULIO		INVITA A COMER A TU WEBMASTER
31	JULIO	CUMPLEAÑOS DE J.K. ROWLING
	AGOSTO	
13	AGOSTO	DÍA DEL ZURDO: SI SOLO HAY UN 13% DE ZURDOS, ¿POR QUÉ HAY TANTOS FRIKIS "DE IZQUIERDAS"? DE HECHO, EL 66% DE LOS AUTORES DE ESTE LIBRO LO SON.

19	AGOSTO	CUMPLEAÑOS DE GENE RODEMBERRY
20	AGOSTO	CUMPLEAÑOS DE H.P. LOVECRAFT ➤
25	AGOSTO	CUMPLEAÑOS DE TIM BURTON
28	AGOSTO	DÍA DE LEER CÓMICS EN PÚBLICO
31	AGOSTO	DÍA DEL BLOGGER
	SEPTIEMBRE	
06	SEPTIEMBRE	CUMPLEAÑOS DE GO NAGAI
13	SEPTIEMBRE	DÍA DEL PROGRAMADOR: DÍA 256 DEL AÑO
19	SEPTIEMBRE	DÍA DE HABLAR COMO UN PIRATA: ¡AH DEL BARCO! BUCANERO DE AGUA DULCE, HOY TIENES QUE HABLAR COMO UN PIRATA O TE PASAREMOS POR LA QUILLA, BOTARATE.
20	SEPTIEMBRE	CUMPLEAÑOS DE GEORGE R.R. MARTIN
21	SEPTIEMBRE	CUMPLEAÑOS DE STEPHEN KING
22	SEPTIEMBRE	DÍA DE DAME POSTS Y DIME FRIKI: CUMPLEAÑOS DE NUESTRA PÁGINA DE FACEBOOK Y TIENES QUE PASARTE POR ALLÍ A FELICITARNOS.
24	SEPTIEMBRE	CUMPLEAÑOS DE JIM HENSON
25	SEPTIEMBRE	CUMPLEAÑOS DE CHRISTOPHER REEVE
	OCTUBRE	
09	OCTUBRE	CUMPLEAÑOS DE GUILLERMO DEL TORO
20	OCTUBRE	CUMPLEAÑOS DE VIGGO MORTENSEN
22	OCTUBRE	CUMPLEAÑOS DE CHRISTOPHER LLOYD
28	OCTUBRE	CUMPLEAÑOS DE BILL GATES
		DÍA MUNDIAL DE LA ANIMACIÓN: DISNEY ES UN SEMIDIÓS DEL MUNDO FRIKI.
	NOVIEMBRE	
07	NOVIEMBRE	CUMPLEAÑOS DE ALEJO CUERVO
16	NOVIEMBRE	CUMPLEAÑOS DE SHIGERU MIYAMOTO
19	NOVIEMBRE	DÍA DEL RETRETE: CLARO QUE ES UN DÍA FRIKI; ESTE DÍA SE CELEBRA PARA DEFENDER LA INTIMIDAD Y LA NECESIDAD DE INSTALACIONES DE SANEAMIENTO PARA TODOS LOS QUE LO USAMOS PARA EL "CANDY CRUSH", TWITTER, FACEBOOK...
30	NOVIEMBRE	DÍA DE LA SEGURIDAD INFORMÁTICA
	DICIEMBRE	
10	DICIEMBRE	CUMPLEAÑOS DE ADA LOVELACE
15	DICIEMBRE	DÍA MUNDIAL OTAKU: HOY ES ➤ TU DÍA SI ERES FAN DEL ANIME, MANGA, RAMEN, DORIYAKIS, HUMOR AMARILLO, ETC.
18	DICIEMBRE	CUMPLEAÑOS DE STEVEN SPIELBERG
20	DICIEMBRE	CUMPLEAÑOS DE STAN LEE

TERRY GILLIAM

EL PYTHON YANKEE

(1940) Con decir que es uno de los "Monty Phyton" nos debería sobrar para saber quién es este actor y director. Con su estilo surrealista nos ha dejado clásicos como "Los héroes del tiempo" o "Doce monos", sin olvidar la alocada "Las aventuras del barón de Munchausen".

top100frikis

TERRY PRATCHETT

AMO DEL MUNDODISCO

(1948-2015) Genial escritor británico de fantasía y ciencia ficción. Sus obras más conocidas corresponden a la serie del Mundodisco, aparte de otras como "La Trilogía de los Gnomos", y sin duda alguna mi escritor favorito desde hace 25 años.. y desde luego que le echaremos de menos.

frikitest 20

EN COLABORACIÓN CON CLIN, DE "ME ENCANTA SER UN FRIKI Y ME DA COMPLETAMENTE IGUAL LO QUE ME DIGAN"

Todo friki que se precie tiene un poco de cultura general del mundillo, y se huele a un no-friki a kilómetros con una sencilla palabra en clave: tú le sueltas a alguien “condensador de fluzo” y si ves que se ilumina su mirada como la de las Saylor Moon es que es un friki. Si por el contrario te mira como si de repente te hubieras tirado un pedo en su oreja ya puedes apostar que no lo es. Si quieres saber cuál es tu nivel de frikismo prueba con este test. Y que la Fuerza te acompañe.

¿ERES O NO ERES UN FRIKI?

01 ¿Cómo dicen los Goonies la palabra "muerto"?

A. Ha diñado
B. Los Goonies no dicen "muerto"
C. Chanquete ha muerto

02 ¿En qué unidad se mide la Fuerza?

A. En patadas de Chuck Norris
B. En warps
C. En Midiclorianos

03 ¿Cómo se llama el dragón de "La historia interminable"?

A. Smaug
B. Draco Malfoy
C. Fujur

04 ¿Qué regalo recibe Hoggle de Sara por ayudarle en el Laberinto?

A. Una pulsera de plástico
B. Un beso de tornillo
C. Una fruta del diablo

05 ¿Cómo sigue "Me llamo Iñigo Montoya, tú mataste a mi padre...?

A. ...Yipikayel hijo de puta
B. ...prepárate a morir
C. ...púdrete en el infierno

06 ¿Qué robot se detiene si pronuncias "Klaatu barada nikto"?

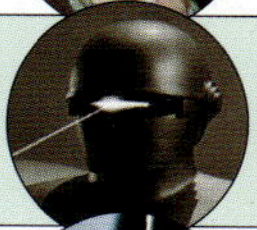

A. Mazinger Z
B. Un Waste Allocation Load Lifter
C. Gort

07 ¿Qué le pasa a un Moway si le das de comer pasada la medianoche?

A. Se traga la birra y los cheetos
B. Se transforma
C. Se muere

08 ¿Cuál es el arma favorita de Leatherface?

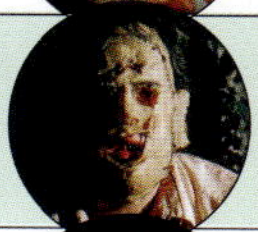

A. Las estrellas Ninja
B. El destornillador sónico
C. La motosierra

09 ¿Cómo se llama el jefe de los malos en "El Cuervo", de Brandon Lee?

A. Top Dollar
B. Twenty Dollars and Two Cents
C. Million Dollar

10 ¿En qué película de Peter Jackson aparece "El Mono Rata de Sumatra"?

A. Braindead
B. Parque Jurásico
C. King Kong

11 ¿Por qué otro nombre conocíamos a Tempelton Peck de "El Equipo A"?

A. M.A. Barracus
B. Fénix
C. Willow

12 ¿Quién mató a Laura Palmer?

A. El Dr. Lawrence Jacoby
B. El aburrimiento
C. Bob "el espíritu del bosque"

TIM BURTON

DIRECTOR RARITO

(1958) Podrán decirse muchas cosas de este peculiar director, pero no puede negarse que sus películas y personajes permanecerán en nuestros recuerdos de por vida. Eduardo Manostijeras, Bitelchús, la Novia Cadáver, Jack Skeleton, Pee-Wee Herman... Si no los conoces, ¡te has perdido mucho cine friki!

top100frikis

J.R.R. TOLKIEN

EL SEÑOR DE LOS LIBRILLOS

(1892-1973) Nos quitamos el sombrero ante este escritor británico, creador de todo el universo de "El Señor de los Anillos", de mundos e idiomas, padre de criaturas nunca vistas y de leyendas que nunca ocurrieron. Bien podríamos decir que, prácticamente, los frikis no existiríamos sin él.

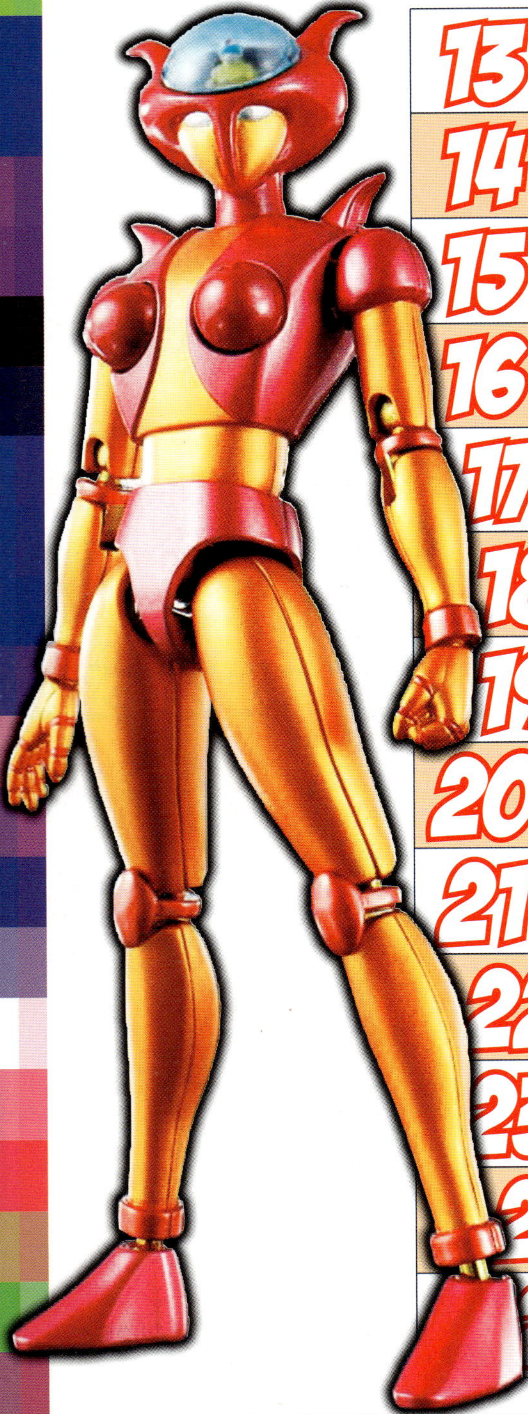

13 ¿Dónde está "La verdad" según "Expediente X"?

A. Cada uno tiene la suya
B. Ahí fuera
C. Todos mienten

14 ¿De qué serie estamos hablando si digo 4, 8, 15, 16, 23, 42?

A. Expediente X
B. Numbers
C. Lost

15 ¿Qué mano le falta a Merle Dixon en "The Walking Dead"?

A. La derecha
B. La izquierda
C. Full de ases y ochos

16 ¿En qué cómic aparece por primera vez el personaje de Blade?

A. La tumba de Drácula
B. 13 Rúe del Percebe
C. Planet of Vampires

17 ¿Cuál es la debilidad de Supermán?

A. Los ojos, es miope
B. Le afecta la kriptonita
C. La capa

18 ¿Qué superhéroe es Bruce Wayne?

A. SuperLópez
B. Spiderman
C. Batman

19 ¿En qué cómic aparece "El Comediante"?

A. Watchmen
B. El Víbora
C. La Patrulla X

20 ¿En qué cómic aparece "El Santo de los Asesinos"?

A. Zipi y Zape
B. Transmetropolitan
C. Predicador

21 ¿Cómo se llama el dinosaurio en el que viaja Mario Bros?

A. Yoshi
B. Velocirraptor
C. Dino

22 ¿Cómo se llama el pirata más malo de todo Monkey Island?

A. Guybrush Treepwood
B. Lechuck
C. Long John Silver

23 ¿Cómo se llama la secuela de "Maniac Manson"?

A. Curse of Enchantia
B. El Día del Tentáculo
C. La llamada de Cthulu

24 ¿Quién es la primera chica que sale en "Street Fighter"?

A. Chao Cho Chin
B. Pollo Kum Pao
C. Chun Li

25 ¿Quién es el creador de "Metal Gear Solid"?

A. Hideo Kojima
B. Toshiba Fujitsu
C. Shinigami Ryuk

26 ¿Cómo se llamaba la mascota virtual más famosa de los noventa?

A. Misifú
B. Tamagotchi
C. Tazos

27 ¿En qué programa conocimos a La Botilde?

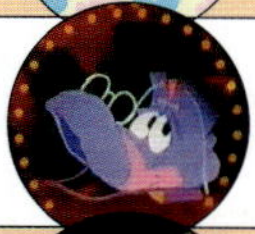

A. El precio justo
B. La bola de cristal
C. 1, 2, 3, responda otra vez

28 ¿Qué es un floppy?

A. Personaje de "Banner y Floppy"
B. Un disco informático
C. Lo que pillas con un porro

29 ¿Cuál es el error más habitual al navegar por internet?

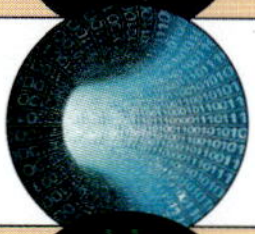

A. El 404, archivo no encontrado
B. Bloqueo por culpa del porno
C. Spam de preservativos Control

30 ¿Quién es el director de "Pesadilla antes de Navidad"?

A. Tim Burton
B. Henry Sellick
C. George Lucas

31 ¿Cómo se llama el presentador de TV de "Los Simpson"?

A. Milhouse van Houten
B. Apu Nahasepeemapetilon
C. Kent Brockman

32 ¿Cómo se llama el piloto de Mazinger Z?

A. Koji Kabuto
B. Kogoro Mouri
C. Shigeru Miyamoto

33 ¿En qué planeta pasa la mayoría de la acción de "Masters del Universo"?

A. Eternia
B. Ganímedes
C. Raticulín

34 ¿En qué serie aparece Marc Lenders?

A. Los diminutos
B. Ranma 1/2
C. Campeones

35 ¿Qué primer deseo se pide al dragón Shenron en "Dragón Ball"?

A. Unas bragas
B. Un Ferrari
C. Que resucite a Krilin

36 ¿En qué serie aparece Charmander?

A. Dragón Ball
B. Las Supernenas
C. Pokémon

37 ¿Cómo se llama la nave que dirige el capitán Harlock?

A. Halcón Milenario
B. La Arcadia
C. Apollo XIII

38 ¿En qué serie aparece Monkey D. Luffy?

A. Saylor Moon
B. Evangelion
C. One Piece

TOM SAVINI

ARTESANO DE LAS TRIPAS

(1946) Actor y especialista de maquillaje y FX. Su arte en el maquillaje de terror hizo que trabajara con George A. Romero en su saga de muertos vivientes. "Viernes 13", "Creepshow", "La matanza de Texas 2" o "Day of the Dead" son algunas de las pelis en las que podrás ver sus maquillajes pustulosos y sangrantes.

top100frikis

JEAN-CLAUDE VAN DAMME

ÁBRETE DE PIERNAS

(1960) Evidentemente, no nos encontramos ante uno de los grandes actores de su generación, pero no es por eso por lo que está en nuestra lista de frikis, sino por sus patadas mortales y películas como "Soldado Universal" o "Kickboxer". Además, nadie baila como él "La vaina loca".

39 ¿En qué serie aparece Eren Jaëger?

A. Attack on Titan
B. Sobrenatural
C. Starsky & Hutch

40 ¿Cómo se llama el compañero de Doraemon?

A. Senbei Norimaki
B. Domo Kun
C. Nobita Nobi

41 ¿Cuál fue la primera novela de Stephen King que se llevó al cine?

A. Carrie
B. It
C. The Lion King

42 ¿En cuántas partes se divide el libro de "El Hobbit"?

A. En tres
B. En ninguna
C. En una colección de 25 tomos

43 ¿Quién es el creador del "Mundodisco"?

A. Fernandisco
B. Terry Pratchett
C. The Jackson Five

44 ¿Quién escribió la trilogía de "El elfo oscuro"?

A. J.K. Rowling
B. R.A. Salvatore
C. J.R.R. Tolkien

45 ¿Dónde está la Casa Lannister?

A. En Braavos
B. En King's Landing
C. En Roca Casterly

46 ¿Qué sobrenombre tiene el primer libro de rol de la serie "Vampiros"?

A. Colmillos
B. La Mascarada
C. La Estaca

47 ¿A qué jugamos si te lanzo una carta de Loto Negro?

A. Magic
B. Dragones y Mazmorras
C. Teto

48 ¿Quién es el creador de "Funhunter"?

A. H.P. Lovecraft
B. Cels Piñol
C. John Konstantine

49 ¿Cuál es el nombre de la famosa universidad de Arkham?

A. Princeton
B. Harvard
C. Miskatonic

50 ¿Y qué famoso libro se encuentra en su biblioteca?

A. El Necronomicón
B. El Kamasutra
C. El de Petete

RESPUESTAS Y RESULTADOS →

1. Nunca dicen "muerto"
2. En Midiclorianos
3. Fujur
4. Una pulsera de plástico
5. ...Prepárate a morir
6. Gort
7. Se transforma
8. La motosierra
9. Top Dollar
10. Braindead
11. Fénix
12. Bob "el espíritu del bosque"
13. Ahí fuera
14. Lost
15. La derecha
16. La Tumba de Drácula
17. Kriptonita
18. Batman
19. Watchmen
20. Predicador
21. Yoshi
22. Lechuck
23. El Día del Tentáculo
24. Chun Li
25. Hideo Kojima
26. Tamagotchi
27. 1, 2, 3, responda otra vez
28. Un disco informático
29. El 404
30. Henry Selick
31. Ken Brockman
32. Koji Kabuto
33. Eternia
34. Campeones
35. Unas bragas
36. Pokémon
37. La Arcadia
38. One Piece
39. Attack on Titan
40. Nobita Nobi
41. Carrie
42. En ninguna, es un solo libro
43. Terry Pratchett
44. R. A. Salvatore
45. En Roca Casterly
46. La Mascarada
47. Magic
48. Cels Piñols
49. Miskatonic
50. Necronomicón

*RESPUESTAS CORRECTAS

0-12* NI FRIKI NI NÁ...

Jugar al Candy Crash o al Farmville no te convierte en friki. Ya puedes anular tus citas y pedir pizza para cinco años porque vas a necesitar todo el tiempo del mundo para tu aprendizaje. Deja de mirar porno y empápate de películas, series, cómics.... Participa en foros y asiste a convenciones, ¡y ponte un cosplay, que no muerden!

13-25* FRIKI EN CAMINO...

Eres friki pero te falta para el máster. Ya puedes prepararte muchos víveres y hacer acopio de equipo: espada láser, rupias, un casco de Master Chief, un equipo Full HD, una tarjeta gráfica que lo flipas, un DeLorean, un wookie que te haga compañía... Solamente así conseguirás tu pollo de goma con polea que te ayude a subir el nivel.

26-38* FRIKI GRADUACIÓN

Por supuesto que eres un friki, y al que lo dude patada giratoria. Eres un jugador experto en consolas, devorador de animes y mangas. Puedes hacer un inventario de capítulos de todas las series y citar de memoria los actores por temporada. Solo te alimentas de provisiones Dharma. En lugar de mascotas tienes droides, y te afeitas con la espada de Kratos cada mañana. Está claro tu frikismo.

39-50* MÁSTER FRIKI

Eres un maestro de la orden Jedi. Y es que no puedes evitarlo, llevas el frikismo en el ADN. No tienes coche, te desplazas a través de la Puerta Estelar. Tu ideal de ropa cómoda para casa es una armadura de Big Daddy. Tienes las respuestas al sentido de la vida, del universo y todo lo demás. Si hubieras sido tú el portador del anillo único, Peter Jackson se hubiera ahorrado dos películas, porque eso para ti es un paseo. Todas tus referencias en la vida son frikis y tu meta es dominar el mundo.

VINCENT PRICE

ÉL ERA EL TERROR

(1911-1993) Un actor al que recordamos especialmente por sus películas de terror. Un icono idolatrado por frikis, vampiros y oscuras criaturas de la noche por su imponente presencia en películas como "Los crímenes del Museo de Cera", "La caída de la casa Usher", "El cuervo", "La mosca"...

top100frikis

WILL SMITH

EL PRÍNCIPE

(1968) Este actor ex flacucho que empezó como rapero y como "príncipe de Bel-Air" es ahora uno de los actores mejor pagados de Hollywood. Ha perseguido alienígenas en "Independence Day", tres peliculas de "Men in Black" y "After Earth". Lo que probablemente hace de él más cazador de aliens que músico.

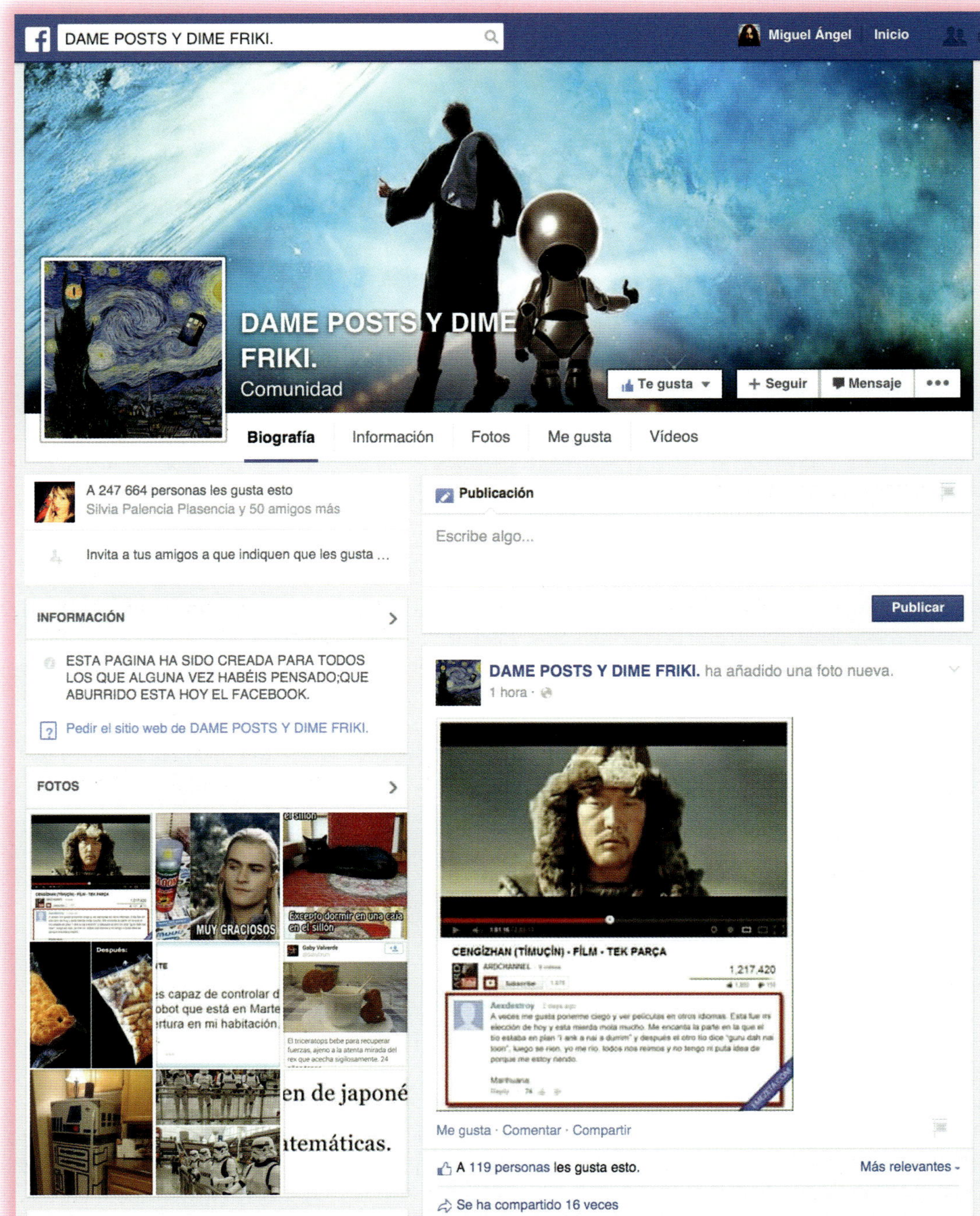

DAME POSTS Y DIME FRIKI.
Miguel Ángel
Inicio
DAME POSTS Y DIME FRIKI.
Comunidad
Te gusta
Seguir
Mensaje
Biografía
Información
Fotos
Me gusta
Vídeos
A 247 664 personas les gusta esto
Silvia Palencia Plasencia y 50 amigos más
Invita a tus amigos a que indiquen que les gusta ...
INFORMACIÓN
ESTA PAGINA HA SIDO CREADA PARA TODOS LOS QUE ALGUNA VEZ HABÉIS PENSADO;QUE ABURRIDO ESTA HOY EL FACEBOOK.
Pedir el sitio web de DAME POSTS Y DIME FRIKI.
FOTOS
MUY GRACIOSOS
Excepto dormir en una caja en el sillón
Después:
Publicación
Escribe algo...
Publicar
DAME POSTS Y DIME FRIKI. ha añadido una foto nueva.
1 hora ·
CENGİZHAN (TİMUÇİN) - FİLM - TEK PARÇA
1,217,420
Me gusta · Comentar · Compartir
A 119 personas les gusta esto.
Más relevantes
Se ha compartido 16 veces

La creación

de Dame Posts y Dime Friki

(Jordi, Marga y Tappy)

¿QUIÉN ME IBA A DECIR A MÍ que el día que se me ocurrió abrir una fanpage en Facebook a modo de experimento (ese día estaba muy aburrido), solo por comprobar a cuánta gente le daba por apuntarse, se iba a convertir en un libro?

Todo empezó un día de septiembre de hace unos tres años y pico. Por aquel entonces me dedicaba a fusilar los muros de otras páginas de temática friki de FB por diversión y afinidad con todo lo relacionado al frikismo, hasta que un buen día pensé: «¿Por qué no abro una propia y a ver qué pasa?». Así que me puse a ello, no hace falta decir que los primeros 30 días solo tenía 20 seguidores y poco participativos (la familia es así), pero justo cuando me estaba planteando cerrarla, pensando que a nadie le interesaban mis tonterías y aficiones, uno de mis posts se hizo viral (no me preguntéis cómo, si lo supiera habría millones de fans en la página y yo tendría el secreto del éxito en FB) y de 20 seguidores, de la noche a la mañana pasé a tener un par de miles. Y fue ahí cuando mi pequeño experimento se me fue de las manos y cobró vida propia a lo monstruo de Frankenstein. En ese momento me di cuenta de un par de cosas, que había gente muchísimo más friki que yo por el mundo que estaba loca por demostrarlo y, sobre todo, que TODOS SOMOS FRIKIS DE ALGO.

Han pasado ya casi cuatro años, y lo que empezó siendo un pequeño experimento en una tarde de aburrimiento, 15.000 posts, 10.000 compartidos, cientos de miles de comentarios, millones de likes y casi un cuarto de millón de fans después, se ha convertido en un punto de encuentro diario donde dar rienda suelta a tu frikismo y echar unas risas para muchísimos frikis, incluido yo mismo.

Gracias a la página pude hablar, discutir y reír con mucha, muchísima gente como yo, gente que con el tiempo acabaron convirtiéndose en algunos de mis mejores amigos y que me hicieron crecer como friki y como persona (lo segundo es mentira, mido 1,68, jejeje) gente como Marga Chaves, cuyo nombre os sonará de la portada, o personajes como Tappy, que empezó siendo un fan y terminó por ser uno de los coautores de este libro que sostienes en tus manos... Pero eso mejor que os lo cuente él mismo.

MEMORIAS DE TAPPY.

Un buen día (o malo, según se mire), Dame Posts y Dime Friki compartió en su página uno de mis vídeos, así, sin yo pedirlo ni nada, y como cómico educado que soy, le di las gracias. ¿Cómo pensar que ya me conocía de verme haciendo el imbécil en TV? Tiempo después, un encontronazo en Barcelona tras uno de mis bolos nos hizo dar el siguiente paso: conocernos en persona (algo de lo que me arrepiento profundamente). Y así continuamos, entre "compárteme esto", "vale" y "gracias, tío" me fui aficionando a confeccionar mis propias memeces. Hasta que otro mal día, el colgado de Jordi Soler me preguntó si quería colaborar en «un libro que estaba escribiendo con una tal Marga», y pensé «a ella no la conozco, pero... ¿este tío escribiendo un libro? Me apunto, esto no puede acabar bien». Y entre risas, charlas telefónicas y alguna que otra idea estúpida, acabé convirtiéndome en el 33,33% del libro.

Lo bonito: está escrito con mucha ilusión y con ganas de mostrar al mundo que ser friki es divertido y también se aprende. Lo feo: que ahora tengo el 33,33% de culpa de todas las pesadillas y dolores de cabeza que ocasionemos a los lectores. Pero ha sido un placer, ahora puedo decir con orgullo «yo también doy Posts, así que... dime friki».

agradecimientos

Este libro es como la criatura de Frankenstein, hecha de trozos e ideas y de un empacho de pizzas y frikadas, que empezó a tomar forma por culpa de un "a que no hay huevos". Esta criatura, fruto de dos padres, una madre y un montón de secuaces, se ha ido gestando durante casi un año con mogollón de material genético que hemos ido recabando de aquí y allá y hemos parido un bicho digno del más loco de todos los locos Mad Doctors de la historia. La criatura nos ha salido un poco Orco (no podía ser de otra forma), pero qué se le va a hacer, a los hijos se les quiere sean como sean. Y como las colaboraciones de los amigos son importantes ahí van nuestros agradecimientos:

JORDI

QUIERO DAR LAS GRACIAS por todo lo que han aportado a este libro...

- a Diego Glez por regalarnos ese pedazo de repaso a todos y cada uno de los juegos de mesa, cartas y rol que es el capitulo de "Juegos";
- a Herme Alcázar, por permitirme "pillarle prestadas" esas leyendas urbanas sobre videojuegos;
- a Pau Gámez, un pedazo de artista,
- a Germán "Geo", de camisetas Be Friki, por estar siempre dispuesto a echar una mano;
- a Javier Beca, de Pampling;
- a Sergio Alonso, de idealist.com;
- a la whovian que me mandó esas estupendas fotos de la Doctor Who experience (qué envidia te tengo, yo todavía no he estado);
- a mi tortuga Flash, por su estoicismo tortuguil que tanto admiro en ella;
- y a todos los fans de la página que nos habéis animado en este proyecto y mandado fotos, artículos, posts y frikadas mil. Gracias por haber querido compartir con nosotros vuestro frikismo.

También quiero dedicar mi parte de este "engendro frikimal" que tienes entre tus manos a Bibi, mi mayor fan y compañera de vida, mi Princesa Leia, mi Harley Quinn, mi "Shekh ma shieraki anni", ¡MI TESOOROOOO!... por apoyarme en los malos momentos, por su entusiasmo y sus ánimos y porque ella nunca me falla y siempre está ahí para mí. A mi hija, Ariadna, mi joven padawan por recordarme cada día lo friki que soy sin darse cuenta de que ella lo es también cada vez más, y a mis pequeños Goonies, mis sobrinos Aitor, Aitana y Unai, porque algún día no muy lejano traerán el equilibrio a la Fuerza.

marga

MIS AGRADECIMIENTOS sinceros y emocionados se los doy...

- a mi compañero Jero, el Trasgo Decrépito;
- a Clin, que ha sido un apoyo indispensable;
- a Dix, mi valenciano favorito;
- a Beatriz Zubeldia, por sus textos;
- a Dani Moreno, por su Amazing Mask;
- a Alexis (Wolfgang) de la Era de Caos;
- a Ángel Sanchidrián, de Sinopsis de Cine;
- a Angelus, de Area Friki;
- a Raúl, de Rhul of the Dead;
- a David y Domingo, de Carne de Videoclub;
- a Ángel y Spice, de El Anime que me gusta;
- a Daniel (Kamon), de Barcelona Eagles Quidditch Team;
- a Rafa, el Artista Friki;
- a Pep, a Rob, a Elena, a Natalia, a Jesús;
- a Pilar, de Punto de Cruz Friki;
- a Laura, de El deseo de Thyche;
- a Jose, a David (Sordus);
- a Germán, a Hugo (Sören);
- a Miriam, a Lorena Cachiko;
- a Noa, de Ainhoa Ortez Art;
- a Foxpaw;
- a mis pelusas de El rincón de los trastos;
- a Antonio Granados, de Muchomaskezapas por las fotos;
- a Germán Martínez, el Señor Buebo, por sus carteles;
- a la Academia de Peluquería Badalona;
- a Tolkien y a McGyver.

Y sobre todo a mi familia (Andrés, Amanda y Andreu) por su paciencia y sacrificio y por aguantar mis malos momentos.

tappy

Y MI LISTA DE AGRADECIMIENTOS queda tal que así...

- a Mel y Félix, compañeros de comedia y amigos de batalla (que muchas veces coinciden);
- a Carlos, Chanchi y, por eliminación, a Pablito; no saben dónde se han metido haciéndome su padrino;
- a Juanma, por seguir creyendo en mí, a pesar de tantas cosas;
- a Juan, que aparte de ser mi primo me descubrió a Melendi;
- a Ramón, Michaella, Fernando, Rocío y Ale, por ser mi familia directa sin tener opción a elegirlo;
- a mis papis, Ramón y Gloria; de él heredé mi sentido del humor, de ella mis dotes artísticas, si es que tengo de eso, y siempre me han apoyado en todo;
- a Jordi Soler, por haberme hecho grumete de este gran barco del frikismo; y a Marga, por permitir que ese loco me abriera la escotilla;
- a Miguel Ángel, de Poe Books, porque sin él, directamente, no estarías sosteniendo este libro en tus manos;
- a Dani Zarandieta, que me echó una manilla como fotógrafo cuando no tenía tiempo ni para ir a c... coger setas;
- a Cris, por haberse tragado toda mi avalancha de ideas y sugerirme otrs tantas y, sobre todo, por aguantarme en el camino (que tiene su mérito); y a Mada, por hacerla tal como es;

Y a mi taza, a Jim Carrey, a las pelis de los ochenta, al japonés que cocinó mi primer sushi, al bigote de Tom Selleck, al brownie del Vips, a los platillos preparados del Mercadona, a la Polka, a los caracoles de lata... Y, por supuesto, a Yoda.